# 人事の組み立て

## 〜脱日本型雇用のトリセツ〜

Who Are You?

欧米のモノマネを
しようとして
全く違うものになり続けた
日本の人事制度

海老原 嗣生

日経BP

# 「ジョブ型」祭りに見る脱日本型、失敗の本質

　昨今、またまた「脱日本型雇用」が至る所で叫ばれています。

　新型コロナウイルス感染症の流行によりリモートワークが普及し、従来の働き方が成り立たなくなったことで、「新たな人事制度」を模索して社会全体が焦っているという背景は分かります。それにしてもまあ、いい加減な話が語られている。その根元にあるのが"ジョブ型"なる言葉です。

## おかしなジョブ型がそこかしこに…

　一知半解に使われる頻出例を見てみましょう。

「終身雇用はもう持たない。これからはジョブ型にしないといけない」
「リモートワークではジョブ型で職務内容を明確にし、成果も見えるようにしないと」
「新卒採用もシビアになってきた。昨今はジョブ型採用で、即戦力が重視される」

　"ジョブ型"というマジックワードを使って旧来の日本型を批判すると、何となく全てが正論に思えてしまうのが怖いところ。専門的に言うと、突っ込みどころ満載な話なのに…。

　まず、終身雇用とジョブ型は二項対立関係にはありません。ジョブ型で通している多くの欧州大陸国は、熟年労働者の勤続年数が日本よりも長かったりするのです。イタリアの平均勤続年数は日本よりも長いし、10年以上勤務している社員の割合もフランスやイタリアが日本を上回っています。

また「ジョブ型は職務内容がしっかり決めてある」という話も神話に過ぎません。欧米企業の「ジョブディスクリプション（職務記述書、JD）」をぜひ見てください。そこには「周囲の仕事も手伝う」「書かれていないことは上司の指示に従う」「業務に付随する諸々の問題を解決する」など曖昧な言葉が頻出していますから。

　もちろん、ジョブ型だと成果が見えやすいというのも間違いです。欧米企業の評価制度は日本よりかなり大ざっぱで、基本は、「良い・普通・悪い」の3段階評価しかありません。それを2軸（「業績と行動」や「業績と能力」など）で行うのが主流です。結果、3×3で9通りの評価になるので、「ナインボックス」などと呼ばれています。しかも基本給は積み上げ型で減ることはない。さらにヒラ社員の賞与はほぼ固定。成果反映など全くされません。

　新卒採用の話に至っては、もう何一つ正しくありません。この通りなら、総合商社で原子力発電を扱う部署は原子力発電の営業ができる学生を、メガバンクは法人融資に詳しい学生を採るということになりますが…。そんな学生がいるはずはありませんね。

　こうしたトンチンカンな話は、いわゆる一般人が井戸端で交わしているわけではないのです。マスコミの記者や有名な識者が、どや顔で繰り広げていたりする。のみならず、有名な経済団体で役職に就いている大企業のトップや、大学で学生の相談に乗っている就職課の職員などからも聞かれます。その道のプロであるはずの企業の人事部員すら、こうした話に反論もできない状況になっています。

　要するに、ジョブ型が何たるものか、素人もプロも全く理解していないのです。たぶん日本中の多くの人は、ジョブ型とは「職種別に採用すること」程度に思っているのでしょう。


## 60年も続く「脱日本型雇用」論争

　実は戦後75年の間に、脱日本型雇用の話は何度も花盛りとなりました。そして今回と同様、いつも「生半可な知識」でいい加減な話が繰り広げられ、結実せずに終わっています。

例えば下記は、バブル崩壊後の1990年代中盤、長期不況にあえぐなかで、脱日本型が盛り上がった時期に『人材教育』（1995年5月号）という雑誌で行われた、大手有名企業の人事役職者の鼎談です。

　「現代は先が読めない、混迷の時代なんですね。いままでのビジネス・リーダーというのは、過去のトレンドをベースにして、将来予測の引き出しがうまい人が成功してきたわけです。〜中略〜この混迷の時代にビジネスを自ら切り開いていくには、過去のトレンドだけでは難しいと思いますね。こういう時代にはトップ自らがビジョンを示して引っ張っていく強力なリーダーシップが必要であって、経営もトップ・ダウンがベースになるだろうと思います。従来の"おみこし経営"や猿山のボス的なリーダーでは駄目なんですね」（三井物産／人事部能力開発室長）
　「過去の成長性が高かった時代には、放っておいても日が当たって、外の風に吹かれて、自然に人材が育ったんです。でも、もはやそういうことはあり得ない。これからはリーダー候補を見つけてきてリーダーを育成する人事システムが必要になってくるのではないでしょうか。従来の育成体系の中のリーダー育成とは別に、ビジネス・リーダーを育成する人事システムを別建てでつくる必要がある」（ソニー／人事課長）
　「早い段階でいかにビジネス・リーダーの資質のある人を発掘していくか、ここがポイントになる」（本田技研工業／人事部主査）
　「まったく同感です。私はその時期は30代前半かなと思っているんです」（ソニー／人事課長）

　この「脱日本型」論議、2021年の今、どこかの雑誌にそっくりそのまま載せても、誰も違和感など持たないでしょう。つまり、この25年間、本質的に何も変われなかったことが改めてよく分かります。
　もっと驚くべき（いや「悲しくなる」）事例を以下に。

① 労務管理制度も年功序列的な制度から職能に応じた労務管理制度へと進化して行くであろう。それは年功序列制度がややもすると若くして能力

のある者の不満意識を生み出す面があるとともに、大過なく企業に勤めれば俸給も上昇してゆくことから創意に欠ける労働力を生み出す面がある～中略～労務管理体制の変化は、賃金、雇用の企業別封鎖性をこえて、同一労働同一賃金原則の浸透、労働移動の円滑化をもたらし、労働組合の組織も産業別あるいは地域別のものとなる一つの条件が生まれてくるであろう。

② 近年、わが国においても、労務管理に関する論議がなかなか盛んである。年功給から職務給への移行、終身雇用的労働慣行の打破と雇用における流動性の賦与、～中略～等々。一般に、このような諸問題が問題としてとりあげられ、議論されているのは、～中略～年功賃金制が、一方では技術革新の進展過程で運営上の困難につきあたり、他方では終身雇用と定期昇給制のもとで、年々平均賃金が、したがって賃金総額が増大し、いまや年功賃金体制が企業にとって負担と感ぜられるに至った。

③ 雇用と賃金が景気の波動と産業構造の変化にもっと弾力的に適応し得るようなものにしなければならない。ところが、日本の終身雇用制や年功序列の賃金体系のような硬直的な制度では、すでに技術革新の波によって動揺を受けているが、貿易自由化問題のあおりを受けて一層の非弾力性が問題になってきた。

これらは一体、いつごろ語られたことか、皆さんは見当がつきますか？

答えは3つとも1960年代初頭。①はもう歴史的事象となった池田勇人首相の「国民所得倍増計画」（1960年）、②は労務管理学会の論文（1962年）、③は日本経営者団体連盟の発表（1960年）からの抜粋です。

言葉遣いや修辞こそ古めかしさを感じますが、内容自体はやはり、今交わされている話とそんなに違いは感じられないでしょう。

つまり60年も日本は「変わらなきゃ」と言い続けて今日に至っているのです。

## 一知半解な対症療法では脱日本型はできない

日本型を変えなければいけない切羽詰まった事情は、これまでも十分にありました。

1960年代には、外資自由化が進み、海外から競合企業がわんさかやってくると言われたこと。1990年代はご存知の通り、バブル崩壊、そして生産年齢人口のピークアウトなどが重なり、日本経済の斜陽化が始まったこと。それだけ改革を迫られていたのに、変われませんでした。

その理由は、明白です。

雇用システムとは一筋縄でいかないもの──。付け焼き刃の応急措置では決して変革はできないのです。人間の体に例えるならば、対症療法を繰り返すだけでは病気は治りません。にもかかわらず、過去の雇用改革は、欧米で流行した薬を「個人輸入する」とか、冒された患部を荒っぽく摘出するとかいった類いの素人療法ばかりだったのです。

本気で日本型を変えるためには、雇用システム、そして人事というものを、隅々まで理解して、根治を目指さなければなりません。

この本では、「ジョブ型」のような、何気なく使ってしまう言葉について、正しく理解できるように一から説明していきます。

ただし、暗記が主となる知識教育ではありません。覚えることは最小限にとどめ、あとは、論理展開でメカニカルに「理解」してもらう構成にしています。覚えたことはすぐに忘れるものですが、理解して腹落ちしたことは、後々まで心に残り、実務でもそのロジックを再現して使用できるのです。そんな論理ツールを携えて、「雇用の手だれ」になってほしいのです。

人事・雇用についての議論はともすると概念論や経験論に陥りがちですが、この本では、何よりもファクトを重視します。欧米各国や過去の日本の社会状況、人事実務などを事例や統計を交えて説明していきます。

また、学術論文にありがちな文章主体の作りとも一線を画し、できる限り、グラフ、フローチャート、挿絵などを使って図解しながら理解を深めてもらえるように配慮しました。

一方的な解説だと、得てして大切なことが頭を素通りしてしまうので、随所に「クイズ」をちりばめています。読者の皆さんが「気づいていそうで気がつかない」重要ポイントを、問いとして提示します。そこで一度立ち止まり、自分なりの考えをまとめてください。それから、後に続く文章を読むことで、より理解は深まるはずです。復習時は、クイズのみを流し読みするだけで重点が分かるし、他者に説明するときも、このクイズを活用してみるとよいでしょう。

　ぜひ、「脱日本型」のつわものがこの本から育ってほしいと願っています。

目次

# 2章 日本型雇用に つきまとう 5つの社会問題 ——————— 083

# 1章

## 欧米と日本の
## 雇用システムの違いを
## しっかり学ぶ

たぶん、この本を読む人は、「ジョブ型ってどういうものか」を手っ取り早く知りたいと思っているのではないでしょうか。期待を裏切ることになりますが、私はあえて、遠回りしながら説明していきます。なぜか？

　そもそも、アメリカやヨーロッパには「ジョブ型」などという働き方はないのです。それは、欧米流の雇用システムそのものを指すわけで、彼・彼女らにしたら、「普通の働き方」という認識しかありません。そんな欧米流の働き方を便宜的に「ジョブ型」と日本で呼ぶようになっただけなのです。ということは、そもそも「欧米流の働き方そのもの」だったはずなのに、昨今では、これに「日本式」という冠を配して「日本式ジョブ型」などという論議が盛んになされています。直訳すれば「日本式欧米流働き方」となり、これはもう明らかにおかしな言葉でしょう。

　これと同じような滑稽な騒動が1980年代のアメリカでもありました。当時、飛ぶ鳥を落とす勢いの日本企業を畏怖した米国の自動車産業が、日本式の働き方を分析して、表層上それをまねてみたのですね。W.オオウチという日系の研究者が打ち出した「Z理論」がそれです。忠誠心と協調性を軸にした経営手法であり、それを生み出すために、終身雇用、年功序列、多能工（≒ジェネラリスト）育成を旨とするというもの。現代の日本がこれら3つを脱してジョブ型を希求する姿とまさに、逆さ写しとなっているのが興味深いですね。

　もちろん、こんな「アメリカ式日本流」などうまくいくはずもなく、その後の米国自動車産業の経営は先細りしていきます。

　日本流などといわれるものの表面をなぞって、それを欧米型雇用の上に載せてもうまくいきはしません。今私たちの希求する「ジョブ型」も全く同じで、欧米流の表面をまねて、それを日本型雇用システムの上に載せても、まるでアップルのアプリケーションがWindowsで動かないのと同様、きしみとあつれきでうまく動かないのです。

　表層上のジョブ型を語る前に、まずは、欧米の人事・雇用とはどのようなものか、じっくり知ることから始めましょう。

# 職務主義と職能主義の
# 根源的な違い

> 分かっているようで、実はちゃんと理解していない人事制度。まずは「職務主義」と「職能主義」の違いをゼロから学ぶ。ジョブ型論争で注目を集める職務主義だが、日本企業が長く活用してきた職能主義とは何が違うのか。ポイントはポストと給与、そしてポスト数にある。

　分かっているようで分からないものの典型が「人事制度」です。長年人事に携わってきたプロでさえ、案外正確に理解していないことが多いのです。

　欧米と日本の人事制度は、用いられる言葉や外形などが似ているために、多くの人はその奥底にある違いになかなか気づくことができません。結果、欧米でうまく機能した制度などを、安易に日本に持ち込んでしまうことがよくあるのです。そうした場合、えてして運用場面で破綻を来します。

　例えて言うなら、マイクロソフトとアップルのOSは一見似ていますが、構造や思想は全く別の体系に基づいています。だからアップルのソフトウェアをWindowsパソコンに入れても動きません。それと同じ間違いを犯しているのです。

　前置きはこれくらいにして、今節で取り上げたいのは、人事制度の基本中の基本である「職務主義」と「職能主義」の違い、です。さあ皆さんは、この違いをしっかり説明できますか？

## ジョブディスクリプションなんて忘れろ！

　職務主義と職能主義、字義どおりに考えれば、

「職務にピッタリな人材を任用するのが職務主義」
「個人の能力に合う職務を用意するのが職能主義」

ということになります。でもそれだと単に始点が仕事か人かの違いであって、結論は同じように見えてしまいますね。

　「何が違うのだろう」と多くの人はここで一度悩む。そして「欧米は職務をしっかり決めているが、日本は決めていない。その違いかな」という方向に話は進みがちです。この第一歩が間違いなので、その先は堂々巡りが始まります。こんな風に…。

　「きっと、ジョブディスクリプション（職務記述書、JD）がしっかりしていないことが日本の問題だろう」
　「ならば、欧米に倣ってJDをきちんと作ろう」

　こうして職務主義と職能主義の違いは、JDに集約されていきます。JDを作ってしばらくすると、JDに書かなかった仕事が出てくる。そこでJDを書き足す。いくら書き足しても、季節や年次によりこれまでなかった仕事が随時発生し、一方でJDに書いたタスクの中にはもうやらなくていいものも出てくる。いやいや、欧米ではなぜこんな仕組みでうまく業務が回るのだろうか…。

　これが今までの「職務主義」妄動の帰結です。そうしてJDは日本に合わないと見捨てられ、数十年経って忘れられたころに、また脱日本ムーブメントが起き、まっさらからJDのわなに陥る。この繰り返しだったのですね。過去の歴史をたどると、1950〜60年代初頭、1990年代、そして現在と、およそ30年周期でJD狂騒曲が奏でられています。今節のジョブ型は名前こそ変わっていますが、やっていることはあまり変わりません。

　民間だけでなく、厚生労働省や経済産業省などもそのたびに音頭取りをしています。私は1990年代と昨今、その両方で意見を聞かれていますが、けんもほろろに「んなもんうまくいくわけないだろ」的な解答しかしておりません。

**014**

　JDの問題については後節で、しっかりお話ししますが、今節は「職務主義、職能主義って一体何だろう」というところに立ち返って考えてみましょう。

## 給与は何で決まるのか？

　分かりやすくするために、語学スクールを思い浮かべてください。そこでは、英語もドイツ語も教えています。

　ここに2人の講師がいます。Aさんはアメリカ人で、英語しか話せません。Bさんはドイツ系のイギリス人で、英語もドイツ語も両方話せます。さてこの2人、どちらの方が時給が高いでしょうか。皆さん、普通に考えてください。

**Q1**　英語しか話せない講師と、英語もドイツ語も両方話せる講師、どちらの方が時給が高いでしょうか。

時給が高いのはどっち？

講師A
英語しか話せない

講師B
英独両方話せる

（写真：123RF）

講演やテレビなどでこんな質問をすると、多くの人は「英独両方を話せるBさんの方が高い」と答えてくれます。それは、皆さんが日本人だからです。日本以外ではそんな答えはあまり返ってきません。

　職務主義と職能主義の違いの第一歩はここにあります。

　日本の場合、給与というのは人の能力によって決まります。このルールに従えば、講師Bさんの方が幅広い能力を持っているから、Bさんの時給を高く設定することになる。至って普通の流れです。

　でも欧米なら、話せる言語の多さにかかわらず、時給は同じ。なぜならば人が給与を決めるのではなくて、仕事が給与を決めるからです。英語の講師か独語の講師（職務）をやるわけなので、英語、独語両方話せても、どちらか一つしか話せなくても、やる仕事は変わりません。ならば時給も同じとなる。つまり給与とは個人に付随するものではなくて、あくまでも仕事に付随するものなのです。

　この日本と欧米の人事制度の違いは、一般企業においても発現します。日本企業で能力ランクは高いけど、今はたまたまポストがなくて「ヒラ社員」の人がいた場合を考えてみましょう。ポスト的には（部下もいないし決裁権もないのだから）明らかにヒラなのに、「専任課長」「専門課長」などという役職名で、管理職相応の給与をもらいます。

　欧米の場合だと、こういう処遇は極めて珍しいものです。課長は文字通り「課の"長"なのだから、課に一人」であり、その課のトップにある人しか該当しません。いくら年輩で能力があっても、ヒラのポストにいたらあくまでヒラの給与になる。

　職務が給与を決めるという意味がだいぶ分かってきたでしょうか。職務とはつまり「ポスト」なんですね。JDで定義したパッケージなどではなく、単にポストと読み替えると分かり易くなってきます（この話は後段でしっかりします）。


## 日本的慣行が米国では「差別」と言われた

　私は今から18年ほど前、『Works』という人事専門誌の編集長をしていた

時代に、ソニーが初めて米国に工場を造った時の人事部長である植松さんという方に、以下のような話を聞いたことがあります。

「その工場は当初、一つの製品を作る専用ラインしかなかったのですね。ただ、将来的には一つのラインで複数の製品を作る混成ラインにしていくつもりでした。だから、日本から熟練技能を持つ上位ランクの職長を呼びました。一方、現地での職長採用は、混成などできない人でかまいません。そこそこの人を採用したのです。当然、日本から来た職長は給与が高く、現地採用の職長は給与が低い。ただ、そのことが現地の人たちに伝わったとき、とんでもない反発を食らったのです。『やっている仕事は同じライン職長（＝ポスト）なのに、なぜ日本人は給与が高いのだ！差別だ！』と」

これなど非常に分かりやすいですね。同じポストなら同じ給与になるというのが米国です。対して日本は「混成管理ができる熟練者を呼んだのだから、給与は高くて当たり前」と考える。これが、すなわち職務と職能の大きな違

## 職能主義と職務主義の違い

| 日本 | | | | アメリカ | |
|---|---|---|---|---|---|
| 任用ポスト職 | | | 職能等級 | 職務等級 | ポスト |
| 同じ等級でも色々なポストに任用される | 部長 | 室長 | 8級 | 8級 | GM |
| | | | 7級 | 7級 | Director |
| | | 課長 | 6級 | 6級 | シニアMgr |
| | | | 5級 | 5級 | Mgr |
| | 係長 | | 4級 | 4級 | アシスタントMgr |
| | | 主任 | 3級 | 3級 | リーダー |
| | | | 2級 | 2級 | サブリーダー |
| | | ヒラ | 1級 | 1級 | アソシエイト |
| | | | 何人いてもよい | 定員が決まっている | |

人に付く／ポストに付く

**017**

いなのです。

　日本の場合「昇進する」とは、ポストよりもまず、能力等級がアップしていくことを指します。同じヒラというポストでも、初任と3年次では「等級」が異なり、給与がアップしていきます。つまり、同じポストにいたとしても、習熟にしたがって給与は上がる。新人クラスの能力等級と、5年目クラスの能力等級とでは給与が異なって当たり前だと考えます。

　欧米の場合は、ポストごとに給与が決まっています。原則、能力等級はないため、同じ職務なら基本は同じ給与となります（正確には、レンジ給のため多少の幅はありますが）。それなりに昇給しようと思った場合、上のポストに就かなければなりません。欧米の昇進とは職務ポジションのアップであり、それには「ポスト」が必要です。新人たちが業務に熟練して腕を上げても、上のポストに就かなければ給与も（大きく）上がらないのです。そこで、ヒラ（アソシエイト）から、「サブリーダー」、そして「リーダー」へとポストチェンジを目指すことになります。職務主義とはこういうことを言うのです。

## 日本の等級と欧米のポストの根本的相違点

　ここでまた疑問が湧いてきませんか？

　欧米だと「上のポストに上がらなければ給与も（大きくは）上がりません。そこで、ヒラ（アソシエイト）から、『サブリーダー』、そして『リーダー』へとポストチェンジを目指す」と書きましたが、それは日本の等級アップと何が違うのでしょうか。

**Q2** 日本の（職能等級）2級を欧米ではサブリーダー、3級を「リーダー」と読み替えただけで、別に何ら変わりはないのではないでしょうか？

これはなかなか難しい問題ではありませんか？　ただ、ここに欧米と日本の人事構造の違いが集約されているのです。その違いは、「定員」にあります。職能等級には基本、定員はありません。だから、能力アップした社員が現れたら、認定会議を開いて、どんどん昇級させることが可能です。ところが職務主義はあくまでも「ポスト」だから、その数には定員が決まっているのです。一度でも欧米企業の組織・人事編成業務に携わるとその違いを否応なく痛感するはずです。欧米企業の場合、組織編成はまずポストの数が末端までピシッと決められていく。管理職だけでなく、その下のリーダーやアソシエイトまで。売上規模や業務量などから、必要数が非情に決められるのです。

日本のように「新人がたくさん育っているから」といった情緒的な理由で、サブリーダーのポストが増やされることはありません。まず物理的ポスト数が決まり、そこに機械的に人を当てはめるのが、欧米の人事編成であり、組織と経営の合理的な解として定められるのです。「日本は人に仕事を付ける、欧米は仕事に人を付ける」という人事格言がありますが、この意味が身に染みて分かるでしょう。

## キャリア観や人生観の違いも人事制度から発する

この人事制度の根本的な違いが、日本と欧米の社員の行動にも大きな差を生み出します。

もしあなたがアメリカの会社に新卒で運良く入社して、2年間腕を磨いたとします。そろそろ昇進をしたいと考えているけれど、サブリーダーのポストが埋まっていたら…。日本なら簡単に等級アップとなるところが、向こうではポストが満席ならそれがままなりません。ならばどうしますか？

答えは簡単です。サブリーダークラスのポストが空いている別の会社に転職するでしょう。もしくは、今の会社で能力アップなど考えず余暇を充実させる、という考え方になるかもしれません。これがそのままキャリア観や人生観の違いになってくるのです。

職能主義の日本はコツコツ努力を続ける、職務主義のアメリカは、ポストを求めて転職、もしくはワーク・ライフ・バランス充実でのんびり過ごす。

こうした違いについて、日本では「国民性の差だ」と情緒的な答えを語る人が多いのですが、人事制度の違いが大いに寄与していることに気づいてください。

# 結局「職務主義もどき」しか作れない理由

> 同じポストに、異なる等級の社員が就き、賃金も異なる——。職
> 務主義中心の欧米人からはカオスのように見える日本の職能主義
> には、メリットも少なくない。だがポストに定員がないために恣
> 意的な運用を可能にし、「職務主義もどきの職能主義」をはびこ
> らせてきた。

　まず前節の復習をしておきましょう。

　職務主義では、①ポストに応じて給与が決まる。②ポストには定員がある。
職能主義では、①ポストではなく個人の等級で給与が決まる。②等級には
定員がない。

　この根源的な違いは、欧米の人たちが、どうしても日本社会を理解できな
い大きな要因ともなっています。
　例えば欧米の人からは、「年齢差別がある（年功給だ）」「非正規雇用者の
給与が不当に安い（確かに安いのですが）」という指摘を受けます。特に後
者については欧米から非常に厳しい視線を向けられ、経済協力開発機構
（OECD）や国際労働機関（ILO）などの国際機関までもが、日本を名指し
で批判したり、改善要望を出したりしているのです。

## 「同一ポスト同一賃金」という欧米の常識

　どうしてここまで、日本に問題があると考えてしまうのでしょうか。これ
にも「職務主義の常識」と「職能主義の常識」が影響を及ぼしているのです。

日本の人事制度では、「ヒラ」のポストに、色々な等級の人が混在することになります。例えばこんな感じに。

● 入社したての新人（1級）
● だいぶ熟練した中堅（2級）
● 課長手前の準ベテラン（3級）
● 等級的には管理職だが部下のいない専門社員（4級）
● 契約社員（0級）

　彼らが皆、横浜支社営業1課に所属して、営業活動に励んでいたとします。そうすると、同一ポストに5種類の給与レンジが入り交じることになります。「ポスト＝職務＝賃金」という欧米人の常識からしたら、大混乱でしょう。
　彼らの目にはこんな風に映るに違いありません。
　「同じ仕事なのに、年輩社員は異常に給与が高くて、契約社員はとても低い。これは差別だ」
　それに対して、日本人は同一ポスト≠同一賃金に全く違和感を持ちません。私たちはこう受け止めるからですね。
　「同じポストだけど、やっている仕事は違うのだろう」と。
　部下なし管理職社員は「課長のサポート」、準ベテランは「クレーム対応」、中堅は「新人育成」などの役割を持ち、それに付随する仕事を担当しているわけです。一方、契約社員には「難しいクライアントは担当させない」、新人には「雑用などをやらせて仕事を覚えさせる」といった形で、難易度の低い職務を与えているでしょう。つまり同一ポストなのに、職務は人により千差万別ということになります。
　欧米はこうしたカオスな状態にはせず、職務ごとにポストを次頁図のように分けるはずです。

## なぜ、日本の賃金は「差別的」と言われるのか？

**欧米の職務主義**
ポストに職務と給与がひも付く

リーダー：リーダーの仕事　リーダーの給与

サブリーダー：サブリーダーの仕事　サブリーダーの給与

ヒラ：ヒラの仕事　ヒラの給与

給与の違い ＝ ポストの違い＝仕事の違いという認識で疑問が生まれない

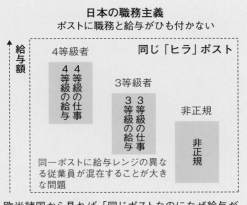

**日本の職務主義**
ポストに職務と給与がひも付かない

給与額

4等級者：4等級の仕事　4等級の給与

3等級者：3等級の仕事　3等級の給与

同じ「ヒラ」ポスト

非正規

同一ポストに給与レンジの異なる従業員が混在することが大きな問題

欧米諸国から見れば、「同じポストなのになぜ給与が違うのか」と批判対象となる。現実的には、上位者には付加職務が発生するのだが、それは見えていない

- 新人と非正規社員は「アソシエイト」として「易しい顧客と雑用を担当」
- 中堅社員は「サブリーダー」として「通常業務に新人教育を付加」
- 準ベテランは「リーダー」として「通常業務にクレーム処理などの厄介な業務を付加」
- 部下なし管理職社員は「アシスタントマネジャー」として「通常業務に課長サポートを付加」

職務主義における等級は職務（ポスト）に付き、個人に付される「能力等級」はありません。外から見ると、職務がポストごとに決まっているので分かりやすいでしょう。

## どの人事制度も一長一短

本質的に考えると、ポストとは本来「どのような仕事をする人が何人必要か」という意味で設けられたものです。だとすると、「ポスト＝職務＝賃金」

欧米では「個人に付ける等級」はない

日本　　　　　　　　あなたの今のランクは？　　　　欧米

はい4級
（Grad4等）です

え？　仕事のランク
ならあるけど…

職能等級があり、人
材は「役職」とは別
にそれぞれランク
付けされる

職務にはランクが
あるが、人材には何
のランク付けもさ
れていない

人事管理の基本が
「人」

人事管理の基本が
「ポスト」

（写真：123RF）

となるのは人事管理上当たり前のことでしょう。日本のように、一つのポス
トに多職務・多賃金が入り交じり、それを職能等級で管理する、というのは
やはり分かりづらいものです。

　とはいえ欧米のように「ポスト＝職務」に変えてしまうと、今度は定員問
題が生まれます。ポストが一杯だからもう出世できない、ということですね。
結果、能力アップした人が他社に流出したり、出世を諦めたやる気のない社
員ばかりになったりしてしまうことになりかねません。

　このあたりをよく理解してほしいのです。人事制度はどの国のものも一長
一短あり、それらはメリットとデメリットのトレードオフで成り立っていま
す。本当に悩ましい代物ですね。


## 働かない役職者をどうすべきか

　「同じポストなのに、給与も職務も異なる人が混在する」状態を、より分
かりやすくするために、日本の人事制度は進化をしてきました。

　そうしてできたのが「役割給」や「職責給」です。従来の職能等級制度で
は、能力アップした人は等級が上がるわけですが、ひとたび昇級したらその
等級にあぐらをかいて、仕事もろくにしない人が出てきました。等級の基準

はあくまでも「能力」の多寡で、それ以外に「この等級になったら何をしなくてはいけない」という職務規定はなかったわけですから、こうしたことが起こっても不思議ではありません。

　これを改め、「能力の高い人はそれにふさわしい仕事をしてもらわないと困る」という方向にマイナーチェンジを図ったのが、等級に応じて「役割」や「職責」を持たせるという考え方です。先ほどの例でいえば、以下のようになります。

- 4級の人は「課長サポート」役割
- 3級の人は「難企業担当、クレーム処理」役割
- 2級の人は「後輩指導」役割
- 1級の人は「雑用」役割

　実際には、低ランクの等級にまで役割給を付加している企業は少ないでしょうが、ともかく役割が明確になれば、同じポストに色々な人がいても交通整理ができます。こうして職能等級の弱点を補足してきたのが、ここ20年来の日本型人事と言えるでしょう。職能給の生みの親である楠田丘氏は、役割給・職責給を「日本式の職務給」と呼んでいました。

　欧米の人から見ると、まだ「同一ポストに色々な給与レンジの人が混在する」状態に違和感があるでしょうが、それでも一応は、ランクの違いに応じて職責が異なり、その結果やるべき仕事も違うという説明はできるようにはなりました。

　ところが、役割給や職責給を付加したとしても、まだぬぐえない職能主義の困った問題（一方ではそれがメリットでもある）が残っています。それは何でしょうか。

役割給や職責給を設けても、職能主義には宿命的に付随するデメリットがあります。それは一体何でしょうか。

ヒント：経営者の身になって考えると分かります。

## 管理職はポスト主義、ヒラは日本型のハイブリッド

職能主義に起きて、職務主義では起きづらいこと。それは、総人件費の上昇です。

両者の特徴に立ち返ってみましょう。職務主義はポストで給与が決まり、そのポスト数、すなわち定員は決まっています。定員が規模拡大などで増えない限り、給与は必然、頭打ちになります。職能主義の場合は、等級ランクごとの定員はありません。相応の経験を積み、能力アップした人たちは、昇級審査により昇級してしまいます。そうすると、企業規模が変わらないままでも、個々人のランクアップにより総人件費が上昇します。この点については、役割給や職責給などを入れてもあらがうことはできないのです。

そこで日本企業が総人件費をコントロールするためにやりがちなのが、好不況に応じて昇級審査の基準を変えることです。儲かっているときは緩く、不況のときは厳しく、という感じですね。ただこれをやると、年次間の公平性が保てなくなってしまいます。不況期に昇格適齢期が重なった人たちは割を食ってしまうのです。

苦肉の策で、こんな運用をする企業が増えてきました。

① 課長以上の等級は、基本的にポストとひも付け、定員制にする
② 課長ポストではない管理職（部下なし専門職）は極力置かない
③ 係長以下の等級に関しては従来の職能主義で定員を設けず、能力アップ者を随時登用する

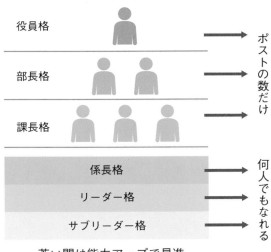

管理職はポスト主義、ヒラは日本的慣行

役員格

部長格

課長格

ポストの数だけ

係長格

リーダー格

サブリーダー格

何人でもなれる

若い間は能力アップで昇進
熟年期はポストに応じて昇進
課長になれない人が増加

　これにより、管理職は欧米に近い「ポスト主義」、ヒラは旧来の「日本的慣行」と、ハイブリッドな制度になってきたわけです。

## ポスト数などどうにでもできる日本企業

　例えば課長適齢期の社員が素晴らしい業績を上げた場合、社内からは「課長にすべき」という声が出ます。そこに「ポストがなければ管理職は作らない」というルールが立ちはだかる。そうすると、社内からは「頭の固い人事のせいで、俺たちは浮かばれない」という非難の声が上がってきます。

　そこで「ポストがなければ課長にしない」という運用の抜け道として、今度は、一つの課を小さくして、課長のポストを増やす企業が出てきたりします。従来なら課員10人で1課だったものを、9人に減らして課を増やし、課長のポストを増やすのです。

結局、日本企業はまず人ありきで、ポストなど恣意的にどうにでもできてしまうのです。欧米のように、経営合理性からあくまでもポストが先に作られ、それに応じて人の方を調整するという考え方は根付いていないわけですね。

　米国企業なら「ポストがなくなったら解雇」「ポストが増えたら頭数をそろえるために思いっきり外部採用」「ポストが満杯になったら昇進ゼロ」などということは全く普通です。欧州企業の場合、ポストがなくなったときの解雇については厄介なルールや手続きが色々と必要（またあとで書きます）ですが、原理的には米国と同様でしょう。

## 本来の職務主義と日本の職務主義「もどき」の違い

### 本来の職務主義（＝欧米）

営業本部

関東統括

横浜支店

支店長

副支店長

主任

営業スタッフ

ポスト数がまず、物理的に必要数が末端まで決められる

・ポスト数の変更は年1〜2回の組織編成会議で決める
・売上・顧客数などから合理的に決める
・恣意的な事情では変更されない

欧米は、組織（ポスト数）が物理的に決まり、動かない

### 日本の職務主義「もどき」

ポスト数は客観的・合理的には決めず、人的事情でいくらでも柔軟に変更できる

支店長

副支店長

主任

営業スタッフ

主任増やした分、副支店長を異動だ

新人が成長著しいので主任を一人増やそう

日本は、組織（ポスト数）が緩く、社内事情で容易に可変

## 欧米もどきでしかない日本型の亜流制度

　欧米社会で用いられている職務主義というものがだいぶ理解できてきたでしょうか？

　それは「ジョブディスクリプション（職務記述書、JD）による細かな職務定義」が大事だということではありません。日本はそちらに歩を進めたために、過去60年、欧米型を追いかけてさまよい続けたのです。ホワイトカラーの職務はJDで細かく定義することは不可能（後で詳しく書きます）だし、たとえそれができたとしても、ポスト数を恣意的に増減しているようでは、しょせん「職務主義もどきの職能主義」でしかないのです。

　もし人材の成長に応じて、恣意的にポストを増減することが可能であれば、満席だからと他社に転職する人もいなくなるでしょうし、ポストを諦めてワーク・ライフ・バランスに徹する人もそれほど生まれないでしょう。この点を忘れないでほしいのです。

　近年では、役割給や職責給などで職務をこまごまと規定して「職務主義にした」と銘打つ企業や、職能等級に替えて「ミッショングレード」などという新たな等級制度を持ち込み、「欧米型人事を取り入れた」と胸を張る企業をよく見かけます。ただ、そうした役割や職責、ミッショングレードなども、たいてい定員がありません。

　人材の状況に応じて、恣意的に自由に定員を決められる仕組みである限り、それは日本型の亜流であり、職能等級の衣替えでしかないのです。

# 成果給で
# 本当に変わったこととは？

> 定員を定めず、いくらでも昇級させてしまう日本の職能主義では、
> 総人件費の上昇を止められない。そのため多くの企業は4つの調
> 整弁を設けてきた。その一つとして成果主義も導入されたが、そ
> の本質を正しく理解できているだろうか。

　前節では、日本企業が取り入れようとしたのは上辺だけの欧米型で、「ポ
ストには定員がある」「まず末端までポスト数が決まり、それは恣意的に増
減できない」という最も本質的な二つの特徴は無視されてきたことを説明し
ました。

　日本企業の人事の基本はあくまでも、ポストではなく人です。新人が育っ
て能力基準に達すれば、皆が次の等級に上がってしまう。その結果、成長が
ストップした企業が人材採用を止めたとしても、内部で昇級が起こるために、
総人件費はアップし続けます。しかも、ポストベースでの雇用契約ではない
ため、不況でポストが減った場合でも、簡単に整理解雇ができないという問
題も付いて回ります。

## 日本型に不可欠な総人件費の調整弁

　欧米であれば、人事の基本はポストであり、そのポスト数は、不況になれ
ば末端まで全て機械的に減らされます。そして、ポスト数の縮小に応じて、
整理解雇が起きる。仮に解雇反対の訴訟が起きたとしても、ポストベースで
人事を行ってきた継続性や合理性から考えて、不正や不道徳がない限り、企
業が負けることはないでしょう（何度も書きますが、欧州の場合はその後の
手続きには一苦労します）。

　ところが、人事の基軸を人に置き、ポスト数などを恣意的に決めている日本の場合、不況で組織が縮小したとしても、「ポストが減ったから解雇する」という話は筋が通らないのです。「ポストなんて恣意的にどうにでもなるように作ってきたでしょう」と判断されてしまいますから。そのため日本型は、「総人件費は上がりっぱなし」「解雇調整もできない」という決定的な弱点を有するのです。法的な解雇規制が問題ではありません。

　日本企業はこの弱点を補うために、4つの慣行を作り上げました。

　一つが、「新卒一括採用と定年制」ですね。人事の皆さんなら説明はもう不要でしょう。そう、定年により年配者（＝高給者）が年間数パーセント辞めていきます。不況時に新卒採用を止めれば、必然かなりの額の人件費が削減できる。これが第一のツールです。

　続いて分かりやすいのが、非正規雇用です。雇用先進国では、非正規雇用（＝有期雇用）は原則として認めない立場を取り、例外的に許される場合も、「入り口規制」と「出口規制」を設けています。入り口規制とは雇用開始をする場合のルールで、「時限的な事業（イベントなど）や代替人材（産休等）」など定められた理由しか認めないというもの。出口規制は「ある一定期間雇用が続いた場合、無期転換しなければならない」というものです。

　日本の場合2013年までは「無法状態」で、非正規労働者を雇い放題でした。同年に労働契約法で「5年継続雇用した人は無期転換する」という出口規制がようやく施行されたばかりです。将来的には入口規制も策定されるでしょうし、出口規制はさらに厳しくなるはずです。つまり非正規雇用は、今後どんどん人件費の調整弁としては使いづらくなっていくでしょう。

　さて、あとの二つはお分かりですか？

**Q4** 日本企業が好不況に応じて人件費をコントロールするためのツールとして、該当するものをチェックしてください。

☐ 協調型労使関係　　　　　☐ 長時間労働
☐ 末端社員までの賞与　　　☐ 株式持合い
☐ 地域・職務を超えた異動　☐ 広範な企業への出向
☐ 低利益×多事業

## 世界では異端の日本型ボーナス

　実は上記の選択肢、どれもが日本企業の特徴であり、企業のサステナビリティー（持続可能性）を高めるツールです。ここまでそろっているから日本企業は外国企業に比べて寿命が長いのでしょう。

　この中で特に「人件費調整弁」としての機能が強いものを挙げるならば、「末端社員までの賞与」と「長時間労働」になります。

　アメリカ映画などを観ていると、エグゼクティブにどかっと大きなボーナスを支払うことがあります。ただそれは、あくまでも上位の管理職や専門職の人たちだけの話。末端の一般社員に対するボーナスは少額であり、固定額を支払うケースがほとんどです。

　欧米では「13カ月目の給与」という契約を結ぶケースが多く、賞与として固定的に「1カ月分」を支給する内容となっています。なお、欧州などでは協約で賞与金額をさらにアップしている企業もありますが、その場合も「休暇手当として0.4カ月分上乗せ」などと固定することがほとんどです。勤続年数や皆勤・精勤などで増減させるケースも見られますが、企業業績の変動を吸収する性質のものではありません。

　つまり、欧米企業は賞与で人件費をコントロールすることが、事実上困難なのです。

　対して日本の賞与は、企業の利益を分配する意味合いが強く、好不況により柔軟に増減します。これで業績変動を吸収するため、結果として「整理解

雇」をせずに済むわけです。

　ちなみに、春闘では経営側から賞与（一時金）の大盤振る舞いが提示されることはありますが、ベア（全体給与のアップ）には渋い回答となることが多いですね。これも、賞与なら景気の良いときの一時的な出費で済みますが、ベアだと上げた金額は下げられないためです。この点で労組側があまり強行に文句を言わないのも、賞与なら不況時には減らして解雇を避けられるが、ベアだと下げられないから解雇につながることを懸念しているからでしょう。

## 働き方改革は整理解雇に行き着く

　続いて「長時間労働」です。日本の場合、社員は基本的に「残業をすることが当たり前」だと思っています。不況のときは残業を減らせば、人件費も減らせます。欧州のように残業がほぼゼロの国々だと、不況で労働時間が短縮した場合は、即人員削減か、もしくは規定時間を割る形で仕事を分け合う「ワークシェアリング」をするしかありません。日本の長時間労働は解雇回避に寄与しているわけで、そう考えると「時短」だけが正しい選択肢とも思えなくなります。

　ちなみに、前段の通り日本では年収に占める賞与割合が大きく、逆に月給部分は小さくなっています。時給というのは月給から算出するので、当然、その割合も小さく（少額）なります。故に、時給ベースで計算する残業代も小さくなる。これも長時間残業を経営が受け入れる理由となっています。

　厚生労働省の「賃金構造基本統計調査」を基に、大手企業の年収に占める残業代の比率を算出すると、ヒラ社員・係長クラスではおおよそ10％。同様の方法で年収に占める賞与割合を算出すると、20〜25％となります。業績が悪化したら、この両方をゼロにすることで、最大30％超の人件費調整ができるわけです。

　残業代と賞与の調整に加えて、定年退職、新卒採用ストップ、非正規雇用終了と4つをフルに使えば、相当な景気変動にも耐えられるでしょう。このように「総人件費の調整弁」を多層に設けて今の日本型はでき上がっています。雇用とは全体システムの合理性を保つために複雑に絡まっているのがお

日本企業の給与構成（大卒×男性×一般社員）

| 役職 | 企業規模 | 固定部分 | 残業代 | 賞与 |
|---|---|---|---|---|

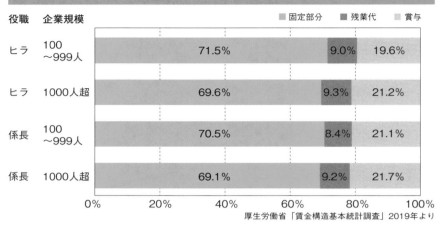

厚生労働省「賃金構造基本統計調査」2019年より

分かりいただけましたか。どこか一点のみ集中的に排除や改善をしようとすると、思いもかけないところできしみが生じるでしょう。

## 成果主義と歩合給を混同する過ち

　ここまで、日本型雇用の中核でもある職能主義について、その長所と短所を書いてきました。

＜長所＞
● 人材流出が少ない
● 下位者のモチベーション管理が容易
＜短所＞
● 人員（人件費）コントロールが難しい
● 外部からの透明性に欠ける
● 上位者のモチベーション管理が難しい

　短所については、以下のような対応策が編み出されています。

＜透明性と上位者のモチベーション＞役割給、職責給
＜人件費コントロール＞定年制と新卒一括採用、非正規雇用、賞与、残業

　そしてこの双方に効く薬として、「成果給（と成果主義）」が普及しました。
　この成果給に対してマスコミはほとんど理解していません。まず、成果主
義導入企業というと、上から下まで全員そうだと勘違いしている記事がほと
んど。現実は、多くの場合、成果主義は管理職以上で、一般社員は職能主義
のままですね。
　そして、こんなお決まりの記事になる。

「報酬に目が向き、短期業績を追い求め、社内が殺伐としてきた」

　たぶん売り上げと報酬が連動する歩合給やコミッションと、成果給を誤解
しているのですね。フーテンの寅さんじゃあるまいし…。

---

**Q5**　成果主義・成果給の本質について、以下に答えてください。

① 成果主義とはどのようなものでしょう？
（　　　　　　　　　　　　　　　　　　　　　　　　　　　　　　　）

②この制度下での人事評価（査定）は一般的にどのような項
　目で行われていますか？
（　　　　　　　　　　　　　　　　　　　　　　　　　　　　　　　）

③この制度の導入により、人事管理面で大きく変わったこと
　は何でしょうか？
（　　　　　　　　　　　　　　　　　　　　　　　　　　　　　　　）

## 成果主義を入れても査定項目はほとんど変わっていない

　あなたの会社では、成果主義を取り入れる前の従来の査定は、どのような項目で行われましたか？

　たぶん「業績・能力・行動」に類するような3つの軸で、それぞれ5点（もしくは10点）満点で評価されたのではないでしょうか。これ以外にも、「意識」「知識」「人望」などの項目が入っている企業もあったでしょう。小異はあれど、ともかくいくつかの軸の中に「業績」という項目が含まれていた企業がほとんどではないでしょうか。

　続いて、成果主義を取り入れた後はどうでしょうか？

　もちろん「成果（または業績）」、もしくは「達成度」という項目は入っているでしょうが、それ以外にも「行動・能力・意識…」に類する項目がある企業は多いはずです。

　とすると、（名称変更はあれど）項目自体はあまり変わっておりません。じゃあ、どこが変わったのか？

　この問いに対して、

「成果（業績）比率を上げた」

「目標や評価尺度（どこまでやったら何点）をしっかり掲げた」

「中央に点数が固まらないよう、強制的に（高得点・低得点へと）分散を図った」

と答える人がいるでしょう。でもそれらはいずれも運用の変更であり、「成果主義」にせずとも、旧来のままで可能だったことです。成果主義導入の効果とはいえません。


## 給与は「上がり続ける」から「上がったり下がったりする」へ

　さあ、このあたりで「成果主義・成果給の本質」の正解に移りましょう。

　社員に支払う月給部分は、以前は査定により定期昇給するものでした。査定点が良ければ3ノッチ（刻み）上がり、普通だと1ノッチ、悪いと据え置きなどと個人の業績に応じて昇給幅が決まりました。

　成果主義導入後も、同じように査定により給与（成果貢献給）が変動しますが、査定が良い場合は標準よりも高くなり、悪い場合は低くなります。

　この違いが分かりますか？

　旧来の定期昇給であれば、給与は年功により積み上がって、右肩上がりになっていきます。対して成果主義では毎期洗い替えが行われ、上がったり下がったりします。この仕組みになると、役職者でも安穏とできなくなり、総人件費も右肩上がりから脱します。

　結局のところ成果主義とは、職能主義の短所を払拭するツールとなっただけで、評価の中身自体はそれほど変わったわけではありません。この最大のポイントを理解していない企業が本当に多い。成果貢献給を積み上げ方式にしている企業などがその最たるものです。もう笑うに堪えないところですね。

## 成果主義の導入で何が変わったか

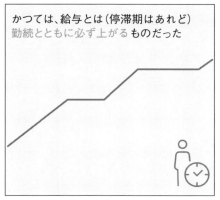

かつては、給与とは（停滞期はあれど）勤続とともに必ず上がるものだった

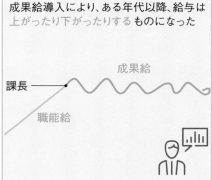

成果給導入により、ある年代以降、給与は上がったり下がったりするものになった

成果給

課長 →

職能給

# 今の時代にJDで細かく
# 定義されたジョブなどありえない

> ○ ジョブ型雇用に必須なのが「ジョブディスクリプション（職務記
> ○ 述書、JD)」。仕事をタスク分解して定義し、まとめてJDにして
> ○ おけば、仕事の範囲が明確になりブラック労働も発生しない――。
> ○ こうした「JD神話」はたくさんの矛盾をはらんでいる。

　3節にわたって人事制度の基礎を復習してきました。今節からはいよいよ、ジョブ型について説明していくことにします。

　雇用・人事用語では、コンピテンシーや成果主義など、正体が定まらない言葉が時として大流行します。ジョブ型もその一つと言えるかもしれません。

　ジョブ型を「専門領域を決めた雇用」だと思っている人は多いと思いますが、その人たちにまず聞きたい。ではこれまでメーカーで採用してきたエンジニアは皆、ジョブ型なんでしょうか？　彼らは基本、専門内で仕事をしていますよ。

## そもそもジョブとは何か

　本論に入る前に、そもそもジョブとは何なのかについて考えておきましょう。

Q6　ジョブって何ですか？　タスクという言葉を使って
　　説明してください。

　仕事というのは漠然としたものですが、それを細かく分けていくと、これ以上は細かくできない小さな単位となります。それをタスク（task）と呼びます（日本語では「課業」となりますが、よほどベテランの人事担当者にしかなじみのない言葉でしょう）。タスクにまで分解してしまうと、曖昧な点はなくなり、何人も誤解なく一意に理解できると言われます。例えばこんな感じです。

　「あなたの仕事は、求人の広報です」。これでは「広報って一体何？」となるでしょう。

　対して、細かくタスクに分解すると、以下のようになります。

- 求人の条件を決める
- それを掲載する媒体（求人サイトなど）を決め、出版・運営会社に連絡する
- 求人誌からの取材相手を決める
- 求人誌の原稿をチェックする
- 掲載した求人広告への応募書類を整理する
- 応募者からの問い合わせに答える

　「求人広報」という仕事も、タスク分解すると非常に明確になります。のみならず、ここに列挙していない仕事を割り振られたとき、「それは私の仕事ではありません」と言えるようになるのです。だからブラック労働も発生しないし、労働時間も短くなる――と、人事の教科書的にはそんな解説がなされてきました。こうしたありがちな解説をもう少し続けることにしましょう。

## 社長の仕事もJDにできる？

　このように誰もが理解できるタスクを列挙して、それを一つのパッケージにしたもの、それが「ジョブ」だと俗に言われています。そしてそのパッケージ化をするための注意書きをジョブディスクリプション（職務記述書、JD）と呼ぶ。ここまでは人事の基礎知識ですね。

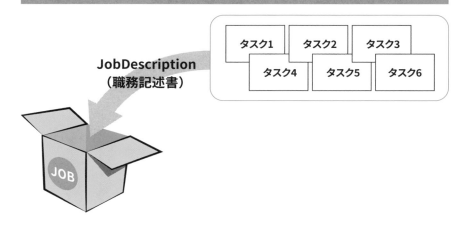

こまごまとしたタスクの集合体をJDとして記述

JobDescription
（職務記述書）

タスク1　タスク2　タスク3
タスク4　タスク5　タスク6

JOB

　先の例でいえば、「求人広報」はジョブであり、それはこまごまとしたタスクの集合であり、JDで定義されています。

　と、ここまではまさに教科書通りの解説をしてみました。まともに実社会を見ていないアカデミックな世界では、これをそのまま信じて、おとぎ話のような言説が流布されているのです（とりわけ、教育学や社会学などの高名な研究者にこの傾向が強いようです）。

　ただ、この「明確なタスクで示されたジョブ」は二つの意味で誤りです。

　一つ目は、タスクは難易度の高い職務においては、あまり意味をなさないものなのです。例えば社長のタスクを列挙して書くことは非常に簡単で、以下のようになるでしょう。

● 役員会に出る
● 役員会では議事進行をリードする
● 議題について総合的に勘案する
● 最終ジャッジをする
● 株主総会に出る…

　こんな形でタスクを列挙したとしても、どのタスクも誰もが「こうすれば
よい」と思えるような共通のイメージを持てる定型的な作業ではなく、各人
各様に苦闘しながらその答えを出していかねばならないものです。

　またその過程で派生的なタスクが多々生まれます。例えば「総合的に勘案
する」というのは役員会の席でのタスクですが、その準備として、現場視察
に行く社長もいるだろうし、経営者交流会でライバルの動向を探る社長もい
るでしょう。意見の違う役員たちを飲みに誘って、どちらの話が正しいか議
論を戦わせる行為も必要になるでしょう。JDでしらっと「総合的に勘案する」
というタスクを書いても、その裏にはとんでもない積み重ねが必要となる。
ビジネスに携わった人間ならそれはすぐに見当がつくでしょう。

## 変化が激しい現代、タスクは固定できない

　「明確なタスクで示されたジョブ」の二つ目の誤りは、時季や年度、もし
くは案件などにより、全く異なるタスクが随時発生するということです。

　最初に例示した求人広報であれば、昨今は新型コロナ対策で面接もオンラ
インで行うようになってきました。旧来のJDにはそもそもオンライン面接
という言葉は入っていないでしょうし、ネット環境の整備やセキュリティ管
理などのタスクも新たに発生します。こうしたタスクについて担当者から「書
いてないからやりませんよー」と言われたら、組織は回らないでしょう。か
といって、年度によって変化を予測し、あらかじめJDを書き換えるなどと
いうこともできはしません。

　また季節によって仕事が変わることも多々あります。求人広報なら、春は
大学回り、夏前にはサイト登録会、夏にはインターン生アテンド、等々。四
季折々の分を全部書いたら、やる仕事が膨大で困ってしまいますね。

　欧米でもこうした問題が生まれていて、結局、もう数十年も前から、ジョ
ブとは教科書で言われるようなおとぎ話とは大きく異なってきているのです。

## 欧米のあまりにも曖昧なJD

　私は長い間、リクルートグループで転職エージェントの企画に携わっていました。そこには外資系企業からあまたの求人が寄せられます。求人票に添付されているJDを多々見ながら「あー、これじゃとても中身など分からないし、マッチングには使えない」と痛感させられたものです。以下二つの事例を見てみましょう。

　まずはある会社のプロジェクトマネジャーのJDです（原文は英語）。

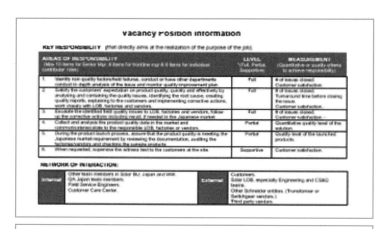

　■仕事名称：
**新装置の導入プロジェクトマネジャー**
　■仕事：
・会社規定の安全プログラムをプロジェクトの期間中は、必ず守る
・短い期間で成果を発揮できるようなスケジュールを考案する
・毎日起こり得る現場での問題を解決する
・つつがなく許可を得られるよう、現地の司法検査官や周囲の会社の代表と関係を作る
・問題を明確にし、プロジェクト委員会で取り上げ、解決策を探す
・解決策を試し、その案が適切であり、委員会の許諾を得ているか確認する
・事前の取り決めに沿い、プロジェクトが引き返せる（代替）案を提供する
・プロジェクトの予算内に納まるよう動く。スケジュール進行の申し送りを確実にする
・プロジェクトのプランを管理、アップデートし、批判されそうな事柄を把握し、常に修正を行いプロジェクトが締め切りに間に合うようにする
・役人と管理者へのプロジェクトのレビューを準備する

　JDにタスクとして挙げられたものは、どれも「何をどこまでやればいいか」が平明に分かるようなものではないということが一目で分かるでしょう。なかんずく「毎日起こり得る現場での問題を解決する」などという記述に至っては、本当にタスクと言えるのか目を疑いたくなる代物。ある程度複雑化したホワイトカラーの仕事はとてもJDでは表せないことがよく見て取れますね。

　次は人事部のアシスタントクラスのJDです。

　こちらも記述は曖昧です。「親しい関係を維持する」とはあまりにも具体性のない言葉。そして「関連する事務仕事も担当する」「他の人事や一般管理の仕事も任された場合、行う」…。全く「何をどこまでやるべきか」が分かるような記述ではありません。難易度の高い上級職ならまだしも、アシス

## Job Description

**Company Name**

**Job Title**　　　　　　**HR Staff**

**Duties and Functions include:**

- Assist in recruitment efforts and follow up with the related clerical aspects of employment.
- Conduct recruiting fairs, interviews and follow-up activities for candidates.
- Visit schools regularly and maintain close relationship with them.
- Plan, develop and introduce training activities and programs.
- Coordinate and facilitate weekly English lessons with English Instructor.
- Assist HR manager with personnel system and benefits package.
- Performs other HR and General Administration duties as assigned.
- Handle phone calls and Lost and Found items.
- Proceed with HR procedures of workforce management and social insurance.

■職名　人事スタッフ
■上長　人事課長
■やるべき仕事
・リクルートの手伝い、関連する事務仕事も担当する
・リクルート費用の管理と、応募者の面接及び以降の進捗
・学校に定期訪問し、親しい関係を維持する
・研修プログラム等を考え、磨き上げ、導入する
・英語インストラクターと毎週の英語レッスンを管理構成する
・人事マネジャーを人事制度と福利厚生の面で手伝う
・他の人事や一般管理の仕事も任された場合行う
・電話の応答と落とし物の管理
・人事の方針の下、社会保険と従業員管理を遂行する

タントクラスの職務でもこれくらい大ざっぱに書かれているのが、現代の欧米のJDなのです。これでは日本の仕事内容表記とそれほど変わるものではないでしょう。

## JDは1980年代にその役割を終えた

こうした状況に対して、私の雇用ジャーナリスト仲間で、北米を主にウォッチしているデヴィッド・クリールマン氏（クリールマン・リサーチ最高経営責任者）は、「1980年代にJDはその役割を終えた」と言い切ります。そう、ブルーカラー全盛時代は（とりわけ欧米では）定型的で平明にタスクを列挙できましたが、ホワイトカラー主体になって、それは難しくなったという意味です。

また、PwCの牛島仁氏（AIG、DHL、GE、資生堂を経て現職）は「個別タスクは日々変わるからそれを（JDに）書くのは危険」と語っています。訴訟社会である米国ではなおさらそうでしょう。そして、日本板硝子の中島豊氏（執行役最高人事責任者グループファンクション部門人事部統括部長／シティグループ証券、ジブラルタ生命保険等を経て現職）は、「現在のそれ

### 人事の識者はJDをこう見ている

1980年代にJDは
その役割を終えた

個別タスクは
日々変わるからそれを
（JDに）書くのは危険

現在のそれ(JD)は、
職務範囲や責任など、
上位概念を書く

デヴィッド・クリールマン 氏　　　PwCの牛島 仁 氏　　　日本板硝子の中島 豊 氏

（JD）は、職務範囲や責任など、上位概念を書く」と言います。

　今度はJDと職務内容について調査した研究「諸外国の働き方に関する実態調査」（三菱UFJリサーチ＆コンサルティング実施、佐藤博樹氏主幹）を見てみましょう。英米仏独蘭の5カ国について調べており、総論には以下のように記されています。

　「職務記述書の内容は、一般的・概括的・抽象的であり、それに加えて『その他使用者の命じる事項』（米国）や『あらゆる種類の作業』（オランダ）、さらには『企業は契約書に記載した以外の課題を被雇用者（労働者）に指示することができる』（ドイツ）といった包括条項が記載されている」
　「担当する業務が職務記述書によって限定化・固定化・特定化されているわけではない。そのため、職務記述書に記載されている一般的・概括的・抽象的な職務の範囲内で、従業員が担当する業務は、管理職による仕事の割り振りなどによって柔軟に変更される」

　そろそろ、「JDに記述されたジョブ」は幻想でしかないと、分かってもらえたでしょうか。

## ジョブ型とは「ポスト限定」雇用

　では、欧米と日本の働き方はなぜ異なるのでしょうか。
　それは、「異動」にあります。欧米では従業員の意に反した異動は行われません。異動が実施される場合は事前に本人の同意を得るか、社内公募にして応募者を選考するという形で行うのです。つまり、企業に一方的な人事権はない。これが欧米と日本の大きな違いなのです。先ほどの調査にもそのことははっきりと書かれています。
　ただ多くの日本人は、「人事権がない」という話の本質がよく理解できていません。
　例えば「営業から経理への異動（＝職務転換）がない」という意味は分かる。また「東京から大阪への異動（＝配地転換）がない」も分かるでしょう。

## 欧米では従業員の意に反した異動は行われない

**ホワイトカラーの雇用契約**

| | フランス | アメリカ | オランダ | ドイツ |
|---|---|---|---|---|
| 職務内容 | 労働契約書において、仕事内容については、採用後の柔軟な変更を予定して、職務名称や肩書程度の一般的内容にとどめる事例がみられる。本人の同意を条件として職能や職種の変更を伴う配置転換も実施されている。 | 職務記述書により職務等を明示して募集・採用がなされているが、今回の調査で接した限りでは、ホワイトカラー労働者の職務記述書は、ある程度、概括的・抽象的に書かれている。 | 職務記述書の内容は概括的なものにとどまっており、属人的にその都度変更されるわけではないし、職務の見直しに伴い頻繁に改訂されているわけでもない。少なくとも、こうした職務記述書等の形式面で職務内容が厳密に特定されているわけではない。 | 雇用契約書における職務内容としてジョブタイトルや職種、職位、部署名などを記載していた。雇用契約書に加えて職務記述書を設けて具体的な職務内容を明記する企業もあったが、いずれの企業も職務内容を明確にしつつもその範囲が狭くならないようにバランスに留意する。 |
| 異動・配転 | 転勤を伴う異動を柔軟に行ううえで、地理的モビリティ条項を入れている事例がみられる。（中略）地理的モビリティ条項を結ぶ社員についても、本人の同意を条件に転勤が行われる事例がある。他方で、地理的モビリティ条項を結ぶ場合でも、企業側が一方的に転勤を命じるのではなく、本人の意思確認を行ったうえで要請を行うかたちで転勤が実施されている。 | 昇進・異動は労働者との合意によりなされており、拒否しても特段の不利益な取扱いを受けないとの回答がほとんどであった。ポジションを変更するタイプの昇進・異動は、社内公募等で労働者との合意によりなされ、職務記述書等の変更を伴うが、労働契約の再締結はなされない。 | 職業キャリアの形成については労働者個人の選択に委ねるべきとの考え方がみられ、採用後の具体的な職務の内容や遂行方法、あるいはその後の人事異動に際して、労働者との個別の面談を通して徹底的な合意形成が図られている点で共通する。 | 従業員本人と事業所委員会双方の事前同意が必要となることである。従業員と事業所委員会の一方が同意しないことがあれば異動を行うことはできない。企業側としては、従業員の同意を得るための取り組みを行っている。（中略）能力開発につながるような魅力的な人事異動案を提示したり、海外に赴任する際には特別手当を提供したりしている。 |
| 「諸外国の働き方に関する実態調査」（2014年、厚生労働省）を基に海老原が作成 | | | | |

※橙文字は「仕事内容の曖昧さ」、グレー文字は「同意なくポストを変えない」ことを示す

　でも、例えばカーディーラーで、「東京都勤務のまま、職種も変わらず営業のまま。だけど、大衆車担当部署から高級車担当部署に変える」だったらどう思いますか？　日本人ならこれくらいは当然と思うでしょうが、欧米ではこれさえ本人同意なしではありえません。同様に経理事務職で、東京本社内のままですが、財務担当から債権担当へという異動も勝手にはできないのです。

そう、異動できないというのは、職種とか勤務地とかの大くくりな話ではなく、「ポスト」なのです。それを動かすことができない。これが本当の意味の欧米式であり、ジョブ型の本質です。

旧来、欧米型は「限定雇用」、対して日本型は「無限定雇用」だとよく言われます。

ただ、その場合の限定の対象はポストなのです。だから私は、「ジョブ型とはポスト型だ」とよく説明をしています。前節まで説明してきた職務主義でもポストが大きなポイントでした。欧米の人事管理におけるポストとは、ことほど左様に重要で、それは日本と大きな違いがあることに改めて気づいてください。

## 非正規雇用は実は欧米型だった

実は日本でも、非正規雇用者の場合（まともな企業であれば）、基本は欧米と同じように「ポスト契約」となっています。だからポストは勝手に変えられません。

例えば大手スーパーに青果売り場の販売担当として雇われた非正規のスタッフは、同じ店舗で同じ職務（販売員）であっても、生活雑貨売り場へは勝手に異動させられません。同様に、ある営業所の営業1課の事務職として雇われた派遣スタッフを、同じ営業所の2課に移す場合も派遣会社を通して、本人確認が必須となります。こうした非正規社員の雇用ルールは日本でも当たり前になっていますが、正社員には通用していない。つまり、日本の「正社員」というものが世界的には異質なのですね。

ジョブ型雇用とはポスト型雇用であり、企業に一方的な人事権がない、ということに落ち着くのですが、その結果、働き方やキャリアには各種の大きな違いが出てきます。次節はそのあたりを見ていきましょう。

# どうして日本では
# 新卒一括採用が廃れないのか

日本型雇用の代名詞である「新卒一括採用と定年制」はなぜ普及
したのか。途中解雇が難しいのはなぜなのか。人事の一般常識を
覆す真実を明らかにする。ヒントは「ヨコヨコタテヨコ」だ。

　「ジョブ型はJDでタスクが細かく決められている」などというのは神話レベルの大ウソ。本意とすることは「ポストを決めて採り、勝手に動かすことはできない」、つまり企業に一方的な人事権がないということだと前節で書きました。

　この仕組みは、日・米企業の経営や社員のキャリア形成に大きな違いを生み出しています。今節では特に、人材補充と解雇について考えることにします。

## 中途採用とは同業・同職採用が基本

　最初に人材補充を考えてみます。なぜ日本は新卒一括採用が盛んで、それに対して欧米は社会人の中途採用が主になるのでしょうか。日本型雇用の典型とも目される国内大手メーカーの例で考えてみましょう。

　トヨタ自動車や日産自動車のような定着率の良い超大手でも、年間に数百から1000人を超える退職者が現れます。もっともその7～8割は定年退職で、どの部署の誰がいつ辞めるか分かるので人員補充は比較的楽ですが。

　ということで、次の問題です。右頁の図を見て考えてください。

## この欠員をあなたならどうやって埋めますか

毎年、トヨタ自動車クラスの大企業では、人材の欠員が1000名（欧米なら3000名）程度生まれます。
たとえば、以下のような状況です。

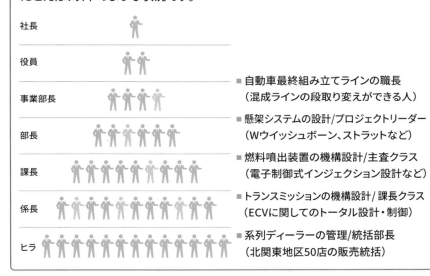

図の右側に挙げたような人たちが辞めていき、同じ役割を果たせる人材を中途で採用しようと思った場合、彼らはどこにいるでしょう？

　同じ製造業であっても、大手電機メーカーには、まずいませんね。高学歴な社員があまたいる総合商社やメガバンクにも、インジェクションやECVが分かる人は見当たらないでしょう。結局、上記の「自動車特有の仕事」ができる人は、ライバル自動車メーカーか、一次請けのサプライヤーあたりにしかいないのが実情です。

　つまり、中途の即戦力採用とは基本、同業・同職での獲り合いとなる。仮に他社からうまく人を補えた場合、今度はその会社で欠員が生じます。こういうババ抜き状態になるため、獲得合戦はなかなか収束しません。だから欧

米（いや米国）は引き抜き合戦で離職率が必要以上に高まることになるのです。

## ヨコヨコタテヨコで空席を末端に寄せる仕組み

　日本の場合、欠員は基本的に社内調達で埋めますね。このメカニズムを説明します。

　例えば群馬工場で課長の欠員が出た場合、岡崎工場の同職を異動させて埋める。ただし、これは空席をパスしただけで、今度は岡崎工場に欠員が出てしまいます。こうして欠員をヨコにパスしていくと、郡山工場にはちょうど

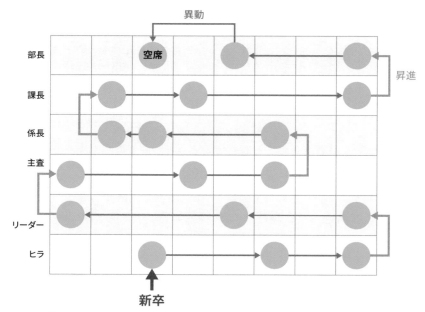

日本型なら空席補充は人事異動で一発解決

▶ 欠員補充の玉突き連鎖を定期人事で簡単に解決し
▶ 空席を末端に寄せ、新卒採用で全てを解決

主査から課長に上げてもよい人材がいたりします。

　そこで彼を昇格させると、今度は空席が一格下の「主査」に移る。ここで
またしばらくヨコにパスされる。そうしてヨコヨコと進むと、埼玉工場に頃
合いの良いヒラがいたので、彼を主査に昇格して埋める…。この玉突きが進
んでいくと、空席はヨコヨコたまにタテ、という流れで、最後は必ず末端に
寄せられます。

　お分かりでしょうか？　日本の場合、強烈な人事権と定期異動という仕組
みで、誰かが辞めると、それが役員でもハイレベルなエンジニアでも、空席
はヨコヨコタテとパスされて最終的に組織最末端に寄せられる。そうして、
エントリーレベルに空席が大量に発生するのです。

　エントリーレベルの職務であれば、ポテンシャルさえあれば未経験者でも
埋められます。だから大量の新卒一括採用をするのです。

　人事部門の仕事を考えてみても、針の穴を通すほどスペックが限られた人
材を、中途で同業他社と獲り合うよりも、大量の新卒を採用する方がはるか
にたやすい。だからこの仕組みは、何十年も前から「なくなる」と言われな
がら全く廃れないのです。

　ではなぜ、欧米ではこんなヨコヨコタテヨコをやらず、空席を中途採用で
埋めるのでしょう？　その理由こそ「ポスト型雇用」で、勝手に人を動かせ
ないことにあります。とはいえ、欧米でもよほどのヘソ曲がりでない限り、「昇
進だ」と言われて「No」という人はいないでしょう。だから「タテ」はで

## 日本で新卒一括採用が全く廃れない理由

重役が辞めようが
熟練者が辞めようが
スペシャリストが辞めようが
玉突き連鎖で簡単に補充して
空席は組織最末端に寄せられる

誰が辞めようが、
新卒一人採れば終わり
こんな魔法の仕組みを
企業が捨てるわけがない

きないことはない。問題はヨコです。

　一般ワーカーに、昇進もしないのに、勤務地替えなど提案した日には、言下に「No」を突き付けられるでしょう。エリートコースでもない普通の人だと、「ナナメ」でさえ簡単には受け入れてくれません。結果、上位層の空席を末端まで寄せるのは至難の業となる。だから、欧米では日本のように大量の新卒一括採用を行う国は少ないのです。

　ポスト限定か否かの違いで、雇用の仕組みがここまで大きく変わることがお分かりいただけたでしょうか。今まではこうした人事管理面からの考察が少なく、ヨコヨコタテヨコで空席を末端に寄せる流れなど理解されなかったのです。なぜ新卒一括採用をやるか？という話では「純血主義」とか「技能工育成時代の名残」とか当を得ていない解説がなされてきました。

## 日本には解雇を規制する法律などない

　さて、日本型雇用の特徴はその入り口が「新卒一括採用」で、出口が「終身雇用」となることにあるわけです。なぜ終身雇用になるか、という理由の一つとして「ポストに定員がない」ことを1〜3節で書きました。だから「ポストが満杯で昇進するには転職するしかない」という状況が生まれにくい。そして、ポストに定員がないから必然的に皆昇進し、結果として「年功序列」にもなる。

　終身雇用である理由には、もう一つ、「途中での解雇が極めて難しい」ことが挙げられます。さあ、ここで問題です。

> **Q8** 日本は解雇が難しいと言われますが、それはどのような法規によるのでしょうか？

実は、日本の法体系は解雇に関して「ザル」であり、厳しい規制や制約、代償の取り決めなどはありません。

　まず民法627条に「解雇・退職は労使どちらからいつでもできる」と規定されています。これを取り締まるのは、民法1条の「権利濫用の禁止」しかありません。解雇権はあるけど、むやみに使っちゃいけませんよ、とそれだけ。

　結果、判例から基準らしきものができ上がりますが、それとて常識的で曖昧な言葉の羅列です。こうしたカオスを抜け出すために2003年の労働基準

## 日本の解雇にまつわる法令は「ザル」法

### 民法627条 解雇・退職の自由

当事者が雇用の期間を定めていないときは、**各当事者は何時でも解約の申し入れをすることができ、この場合雇用は解約申し入れの後、2週間を経過することによって終了する**

### 民法1条 権利濫用の禁止

1. 私権は、公共の福祉に適合しなければならない
2. 権利の行使及び義務の履行は、信義に従い誠実に行わなければならない
3. **権利の濫用は、これを許さない**

「解雇権濫用の禁止」という形で解雇が制限

**＜判例基準＞**
(1) 解雇に合理性や相当の理由が存在
(2) 解雇が不当な動機や目的からされたものではない
(3) **解雇理由とされた非行・行動の程度と解雇処分とのバランス**
(4) **同種又は類似事案における取扱いとバランスが取れている**
(5) **一方の当事者である使用者側の対応が信義則上問題はない**
(6) 解雇に相当の手続き

あくまでも、自社内の雇用習慣に照らし合わせての判断。法規制ではなく、マネジメントの問題

**2003年の労働基準法改正
2008年の労働契約法施行**

1. **業務上の災害または産前産後の休業中及びその後30日間の解雇は禁止**（労働基準法19条）
2. 解雇は、30日前の予告または30日分の解雇予告手当が必要（労働基準法20条）
3. **客観的に合理的な理由と社会通念上相当がない限り、解雇権を濫用したものとして、解雇は無効**（労働契約法16条）
4. 有期労働契約における期間途中の解雇は「やむを得ない事由」がない限り認められない。（労働契約法17条1項）

**＜判例による解雇相当事由＞**
(1) 傷病等による労働能力の喪失・低下
(2) 労働者の能力不足・適格性の欠如
(3) 労働者の非違行為
(4) 使用者の業績悪化等の経営上の理由（いわゆる整理解雇）
(5) ユニオンショップ協定に基づく解雇

▶ **法的に厳しい規制や罰則はない**（企業慣行に照らした「合理性」＝企業慣行の問題）

法改正、2008年の労働契約法施行で、少しは整備が進みました。

　ただそれでも、解雇予告期間や予告手当（欧州に比べればとても緩い規定）が定まったことくらいで、あとは「合理的な理由」「社会通念上相当であると認められない」といった歯止め文句しか入っておりません。どの国でも「合理的理由なくクビにしてよい」と書くはずはないので、至って当たり前のことですね。こんなザル状態なのです。

## 「手続きは容易なのに実際は困難」という日本の解雇の謎

　一方、欧州はどうでしょうか？

　まず、欧州も日本同様、法律にはお約束文句として「むやみな解雇の禁止」が入っています。

　それ以上に、手続きや補償についての取り決めが非常に厳しくなされているのです。例えばスウェーデンでは、解雇予告期間は以下のようにとても長くなっています。

勤続2年未満：1カ月
2年以上4年未満：2カ月
4年以上6年未満：3カ月
6年以上8年未満：4カ月
8年以上10年未満：5カ月
**10年以上：6カ月（もしくはそれに相当する給与）**

　そして損害賠償については以下のようになります。

勤続5年未満：給与の6カ月分
5年以上10年未満：24カ月分
**10年以上：32カ月分**

　このルールに従うと10年勤続者を即刻解雇した場合、38カ月分の給与（解

雇予告手当6カ月＋損害賠償32カ月）を支払わなければなりません。厳しいというのはこういうことを言うのでしょう。

　OECD（経済協力開発機構）が出している加盟先進国の解雇規制指数（0が容易、4が困難）で見ると、日本は「解雇手続きの不便さ」は2.0で標準的、「解雇予告期間と手当」は1.8でやや容易となっています。つまり法規的な手続きは全く厳しくない国なのです。

　ところが、「解雇の困難性」では3.5となり、これは加盟40カ国の中でも五指に入る厳しさとなっています。法律的には厳しくないのに、現実的には解雇が難しいとは一体どういうことでしょう？

## 欧州の解雇にまつわる法令（とても厳格）

● **デンマーク**
法律上原則として使用者は労働者を自由に解雇できる。**使用者は解雇の正当理由を示さなければならず、これに不服な労働者は解雇委員会に申し立てることができる**

● **フィンランド**
解雇予告期間は勤続に応じて14日〜6カ月。**普通解雇にも労働者個人又は企業の経済状況に基づく正当理由が必要である**

● **スウェーデン**
労働者が雇用契約上の義務に著しく違反した場合は予告なしに即時解雇できる。それ以外の客観的な理由のある場合は解雇予告（勤続に応じて1カ月〜6カ月）が必要である。**いずれの場合も、労働者が訴えて客観的な理由がないとされれば解雇は無効となり、雇用は維持される**

● **ノルウェー**
第60条第1項にあるように、**解雇には客観的な理由が必要**。整理解雇の場合、事業所内で配転の余地があれば合理的な理由とは認められないが、逆に言えば、遠距離配転しないと仕事がないというのは客観的な理由になる

---

**スウェーデン 雇用保護法（SFS:1982:80）**

● **解雇**
　解雇には客観的な理由が必要。**被用者に**他の労務を提供するよう使用者に要求することが合理的であれば客観的な理由は存在しない。営業譲渡はそれだけでは客観的な理由とならない（第7条）
　解雇は書面で行い、**被用者が**不服の場合の手続を教示する（第8条）。使用者は**解雇の理由を明示**しなければならず（第9条）、原則として**直接本人に行わなければならない**（第10条）

● **解雇予告期間**
　使用者及び被用者の解雇予告期間は次の通り：勤続2年未満：1カ月、2年以上4年未満：2カ月、**4年以上6年未満：3カ月、6年以上8年未満：4カ月、**8年以上10年未満：5カ月、10年以上：6カ月（第11条）
　解雇通知後、使用者が業務を命じなくても被用者は賃金その他の手当の権利を有する（第12条）

● **一時解雇期間中の賃金その他の手当**
　一時解雇期間中の被用者は同一の賃金その他の手当の権利を有する（第21条）

● **定年退職**
　被用者は67歳に達した月末まで継続雇用される権利を有する（第32a条）

● **損害賠償**
　使用者が、解雇予告や即時解雇が無効である又は有期契約が期間の定めなきものであるという裁判所の判決を拒否したときは、当該雇用関係は解除されたものと見なす。この場合、使用者は被用者に次の損害賠償を払わなければならない。勤続5年未満：6カ月分、5年以上10年未満：24カ月分、10年以上：32カ月分（第39条）

## OECD調査による解雇難易度の比較

| | 常用雇用の場合 | | | |
|---|---|---|---|---|
| | 解雇手続きの不便さ | 解雇予告期間と手当 | 解雇の困難性 | 合計 |
| オーストラリア | 1.5 | 1.0 | 2.0 | 1.5 |
| オーストリア | 2.5 | 0.9 | 3.8 | 2.4 |
| ベルギー | 1.0 | 2.4 | 1.8 | 1.7 |
| カナダ | 1.0 | 1.0 | 2.0 | 1.3 |
| デンマーク | 1.0 | 1.9 | 1.5 | 1.5 |
| フィンランド | 2.8 | 1.0 | 2.8 | 2.2 |
| フランス | 2.5 | 1.9 | 3.0 | 2.5 |
| ドイツ | 3.5 | 1.3 | 3.3 | 2.7 |
| ギリシャ | 2.0 | 2.2 | 3.0 | 2.4 |
| アイルランド | 2.0 | 0.8 | 2.0 | 1.6 |
| イタリア | 1.5 | 0.6 | 3.3 | 1.8 |
| 日本 | 2.0 | 1.8 | 3.5 | 2.4 |
| 韓国 | 3.3 | 0.9 | 3.0 | 2.4 |
| オランダ | 4.0 | 1.9 | 3.3 | 3.1 |
| ニュージーランド | 2.0 | 0.4 | 2.7 | 1.7 |
| ノルウェー | 2.0 | 1.0 | 3.8 | 2.3 |
| ポルトガル | 3.5 | 5.0 | 4.0 | 4.2 |
| スペイン | 2.0 | 2.6 | 3.3 | 2.6 |
| スウェーデン | 3.0 | 1.6 | 4.0 | 2.9 |
| スイス | 0.5 | 1.5 | 1.5 | 1.2 |
| トルコ | 2.0 | 3.4 | 2.3 | 2.6 |
| イギリス | 1.0 | 1.1 | 1.3 | 1.1 |
| アメリカ | 0.0 | 0.0 | 0.5 | 0.2 |
| (OECD平均) | 2.2 | 2.7 | 2.2 | 2.2 |

厳しい数字とは言えない

整理解雇の4要件
「期間の定めのない雇用契約においては、解雇は最後の選択手段である」

1)不当解雇の定義
2)雇用保護が非適用の試用期間
3)不当解雇の補償
4)不当解雇の復職可能性

**原則2週間**

原則は「金銭補償」ではなく、「現職復帰」

ではなぜ、日本で解雇は難しいのか?

　つまり、それこそがポスト無限定雇用の問題であり、「自業自得」ということなのです。

## ポストを決めて動かさないから解雇もできる

　欧米の場合、ポストで採用し、そこから異動もさせないから、そのポストに対し職務遂行力が不足していた場合、合理的に契約を解消できる、と判断されます。

　これに対して日本の場合は、ポストを決めているわけではないのだから、たとえ着任したポストで仕事ができなくても、「社内で他にできる仕事を見

つければいいじゃないか」と裁判では言われてしまうわけです。企業は好き勝手に人事権を使えるのだから、都合の悪いときだけ「ポストに合わないからクビ」などと言うな！ということ。まさに自業自得ですね。

　語弊がないように書いておきますが、欧州ではこうした能力不足による解雇は、試用期間内に行われることが多いようです。一方、米国では比較的随時、解雇が行われますが、その前にはPIP（Performance Improvement Program）という「最後のチャンス」を与え、それがクリアできない場合、解雇という手順を踏む企業が多くなっています。

## 「不況で整理解雇」もポスト型だから成り立つ

　解雇にはこうした本人能力によるものとは別に、会社の経営が苦しいから行うもの（整理解雇）があります。この場合も、欧米型のポスト限定雇用であれば、理論的には簡単に契約終了が行えることになります。

　企業は従業員を特定のポストで雇用し、そこから勝手に動かしていないわけです。つまり企業と従業員はそのポストでしかつながっておりません。そうした中で、不況により該当ポストの定員が減らされた場合、雇用終了となっても問題はないと考えるわけです（もちろん、雇用者保護が厳しい欧州の場合、整理解雇でも従業員代表の合意や本人への補償など手続きは煩雑ではありますが）。

　一方、日本は従業員と会社がポストでつながっているわけではありません。企業は自由自在に従業員を配置換えでき、しかも、ポストなんて恣意的に数を作れました。こうした管理をしてきたのだから、今さら一部ポストがなくなったといっても、「他のポストに移してください」もしくは「ポストなんて作れるでしょ」と裁判所に判断されてしまうわけです。

## 人事権と解雇権はトレードオフ

　ここまでで、ようやく欧米的な雇用に関する考え方が少し分かってきたのではないでしょうか。企業と人は、ポストだけでつながる、ある意味「軽い

関係」を築いていて、企業はポストが減れば解雇し、従業員はポストが満杯なら転職するというドライな考え方がそこにはあります。

　そして、人事権と解雇権はトレードオフの関係にあることも改めて理解できましたか？　昨今、ジョブ型を希求する日本の企業は、果たして人事権を手放す腹決めはできているのでしょうか…。

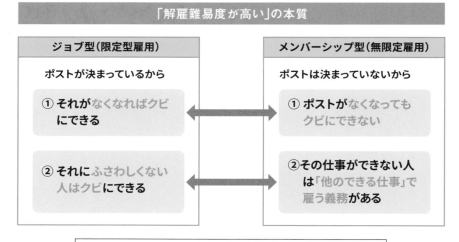

「解雇難易度が高い」の本質

ジョブ型（限定型雇用）

ポストが決まっているから

① それがなくなればクビにできる

② それにふさわしくない人はクビにできる

メンバーシップ型（無限定雇用）

ポストは決まっていないから

① ポストがなくなってもクビにできない

② その仕事ができない人は「他のできる仕事」で雇う義務がある

「無限定」だからクビにできない
企業は「自由に人事発令できるメリット」がある
その分、義務を負う
法律的な規制ではない

# 「ジョブ型なら若くして出世できる」という勘違い

日本型雇用では多様な経験を積ませて育てるので、下積みの期間が長い。対してポストありきで採用するジョブ型なら、専門性を磨き、実力が認められれば若いうちから昇進できる——。「ジョブ型神話」につきまとうこんなイメージは果たして真実なのか。

ジョブ型について、前節までの整理です。ジョブ型とは

× ジョブディスクリプション（職務記述書、JD）でタスクを細かく規定してある
○ 「ポスト限定」雇用であり、企業に一方的な人事権はない

一方、日本型は「ポスト無限定」雇用であり、企業は自由自在に人事権を発動できる。その結果、上位者や熟練者が辞めた場合も、その空席をヨコヨコタテヨコと玉突きして、結局、末端の新人を1人採用すれば事足りる「魔法の」欠員補充が可能となった。ただし、そのトレードオフとして、解雇が難しくなる。

ここまでの関係性を理解したうえで、さあ次の問題です。

 **Q9** なぜ日本企業は、未経験者を一人前に育成できるのでしょうか？

日本の大手企業だと、新卒採用数が100人を超えることはざらです。メガバンクなどは好景気には1000人を超えることさえ珍しくありません。経済学部や経営学部といった、金融と親和性の高い学部にとどまらず、法学部、教育学部、文学部などからも大量に採用しています。こうした全くの門外漢を入社させて、一人前に法人融資ができる営業へと育てられるのはなぜでしょう。

　まさか、「社内教育が整っているから」なんて答えはしないでしょうね。営業はいくら研修してもうまくはならないのはお分かりでしょう。いや営業だけではありません。労務管理も採用業務も研修ではなかなかうまくできるようになりません。難易度の高い交渉やマネジメント業務などに至っては、研修などどうにもならないのは火を見るよりも明らかです。

## 簡単なタスクを集めてやらせ、慣れたら入れ替える

　人をうまく育てる最大のコツは、一言で言うとこうです。

　「できそうな仕事を集めてやらせ、慣れてきたら少しずつ難しい仕事に入れ替えていく」

　そのメカニズムについて、説明しましょう。例えば経理に新人が配属されたとします。彼は簿記も会計もほとんど分かりません。新人の中では相対的に「数字に強くて緻密」という、いわば適性だけでこの部署に配属されました。こうした場合、まずは「債権管理」の担当になって、入金チェックなどをやることになります。これなら素人でもできますよね。

　それだけだと手が空くので、「未経験でもできる仕事」を経理の各所から寄せ集めて任されることになります。例えば財務会計からは伝票のファイリング、管理会計からは日報の入力、税務からはレシート類のPDF化などを仰せつかるでしょう。

　こうして日々、簡単な雑用をこなしていると、財務から降ってくる伝票分類の意味が分かり始め、管理会計の「日程進捗率と業績数値の関係」も、小学校の算数が分かれば次第に読めるようになる。こんな感じで、徐々に経理のアウトラインが見えてくるのです。

　そうした頃合いを見計らって、例えば経理事務に担当替えとなり、今度は

簡単な仕訳をやらされます。同時並行して簿記三級などの資格も取得させられるでしょう。そしていっぱしに仕訳ができるようになると、次の年には支店会計を任されたりします。小さな支店の決算をさせられ、棚卸しや試算表作成などをまたここで覚える。それがこなせるようになったら、複数の支店を見るようになる。そして、そのあとは、全社決算を担当する…。

　こんな感じで、ちょっとずつちょっとずつ難易度を上げていくと、知らないうちに高度な仕事ができるようになっています。これは、若者のキャリアを慮（おもんぱか）って設計したステップではなく、単に会社が無駄な給料を払いたくないから、少し手が空けばすぐに少し難しい仕事を任せるということの連続で成り立ちます。こうして日本では新人が自然と階段を上っていくのです。

## ジョブ型では大量の社員の育成は極めて難しい

　こんな育成法ができるのも日本型だからだとお分かりいただけますか？

① 職務ははっきり決まっていないから、簡単なものを寄せ集め、慣れたら難しいものに入れ替えられる
② 人事権は企業が持っているから、成長に合わせて「債権管理→経理事務→支店会計→本決算」とピッタリなポストに異動させられる

　この二つが相まって、キャリアの無限階段を上っていけることになります。これこそ、職務無限定だからこそできる芸当でしょう。
　欧米の場合、様々なポストから簡単な仕事を引き抜いて寄せ集めるということはなかなかできません。また、成長導線にある仕事に次々と異動させるのはもっと難しいでしょう。仮にその異動を本人が同意したとしても、そもそも異動先のポストが空いていなければそこに動かすことはできません。そのためには、現在その業務をやっている人をあらかじめどこかに移さなければならない。でも人事権がない欧米では、それが無理なのです。
　だから欧米では、キャリアアップを考える人たちは、自らの努力で腕を磨き、空席公募に手を挙げ、キャリアを積み上げていくという「自律的キャリ

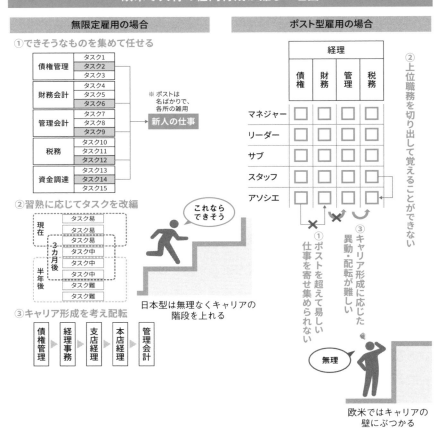

**欧米で人材の社内育成が難しい理由**

**無限定雇用の場合**

①できそうなものを集めて任せる

| 債権管理 | タスク1 |
| | タスク2 |
| | タスク3 |
| 財務会計 | タスク4 |
| | タスク5 |
| | タスク6 |
| 管理会計 | タスク7 |
| | タスク8 |
| | タスク9 |
| 税務 | タスク10 |
| | タスク11 |
| | タスク12 |
| 資金調達 | タスク13 |
| | タスク14 |
| | タスク15 |

※ポストは
名ばかりで、
各所の雑用
→ 新人の仕事

②習熟に応じてタスクを改編

| 現在 | タスク易 |
| | タスク易 |
| | タスク易 |
| 3カ月後 | タスク中 |
| | タスク中 |
| | タスク中 |
| 半年後 | タスク難 |
| | タスク難 |

③キャリア形成を考え配転

債権管理 → 経理事務 → 支店経理 → 本店経理 → 管理会計

これなら
できそう

日本型は無理なくキャリアの
階段を上れる

**ポスト型雇用の場合**

| | 経理 | | | |
| | 債権 | 財務 | 管理 | 税務 |
| マネジャー | □ | □ | □ | □ |
| リーダー | □ | □ | □ | □ |
| サブ | □ | □ | □ | □ |
| スタッフ | □ | □ | □ | □ |
| アソシエ | □ | □ | □ | □ |

②上位職務を切り出して覚えることができない

①ポストを超えて易しい仕事を寄せ集められない

③キャリア形成に応じた異動・配転が難しい

無理

欧米ではキャリアの
壁にぶつかる

ア形成」が必要になります。末端の何千・何万という普通の社員のキャリア形成を、会社が主導することなどできないのです。

## 「その仕事さえできればいい」人の集まりがジョブ型企業

さて、ポスト限定雇用の欧米では、空席を外部からの採用で埋める場合、「そのポストの仕事さえできればいい」という考え方が強くなります。日本のように「将来、もっと上の仕事に就いてもらおう」などと考えず、「その仕事

## ジョブ型で中途採用が容易な理由

| | 経理 | | | | 人事 | | | | 営業 | | | |
|---|---|---|---|---|---|---|---|---|---|---|---|---|
| | 債権 | 財務 | 管理 | 税務 | 労務 | 給与 | 教育 | 採用 | 重電 | 家電 | 半導体 | 素材 |
| マネジャー | ☐ | ■ | ☐ | ☐ | ☐ | ☐ | ☐ | ☐ | ☐ | ☐ | ☐ | ☐ |
| リーダー | ☐ | ☐ | ☐ | ☐ | ☐ | ☐ | ☐ | ☐ | ☐ | ☐ | ☐ | ☐ |
| サブ | | ☐ | ☐ | ☐ | ■ | ☐ | ☐ | ☐ | ☐ | ☐ | ☐ | ☐ |
| ヒラ | ☐ | ☐ | ☐ | ☐ | ☐ | ☐ | ☐ | ☐ | ☐ | ☐ | ☐ | ☐ |
| | ☐ | ☐ | ☐ | ☐ | ☐ | ☐ | ☐ | ☐ | ☐ | ☐ | ☐ | ☐ |
| エントリーレベル | ☐ | | ■ | | ☐ | ☐ | ☐ | ☐ | ☐ | ☐ | ☐ | ☐ |

**欠員** → **ポスト別に個別採用**
（＝この仕事さえできればいい）

➡ 「昇進できる人材」などと考えない
➡ 年齢と職位は連動しない

をこなしさえすればいい」となるのです。

　なので、年齢も関係なく、空席ポストを埋めます。例えば、営業1課の係長（アシスタントマネジャー）が空席になった場合、前任者が28歳だったとしても、平気で40歳の人を後任に採用したりもします。日本の場合、係長ポストには「将来的に課長になれる人を」と考え、年齢的にもポテンシャル的にも相応の人を採ろうとするでしょう。だから条件が厳しくなり、採用が滞るのです（日本でも非正規の採用はあまり年齢、将来性と関係ないのもポスト限定だからです）。

　ポスト型（＝ジョブ型）と日本型の間には、こうした人材補充に関する考え方にも大きな違いがあることに気づいてほしいところです。

　ここまでで、日本型の無限定雇用は、無理なくキャリアの階段を上れる制度であることが分かりました。対して、ジョブの壁で区切られている欧米では、誰にでも階段を用意することが難しく、昇進できずに埋もれる人がいる、

という不都合な真実があります。

## ジョブ型は給与がすぐ上がる？　それとも上がらない？

さあ、ここで今節の2問目です。

 欧米は昇進スピードが速いとよく言われます。だとすると、35歳くらいまでには皆、課長になるのでしょうか。

　日本人は「欧米（とりわけ米国）では年齢関係なく、実力次第でどんどん階段を上れる」と考えがちですが、実際は、そうしたエリートが一部いるだけで、一方にはジョブの壁が立ちはだかり、立ち往生する人もたくさんいるということを忘れないでほしいのです。

　この様子を、データを使って見ていくことにしましょう。まず、日本とアメリカを比べてみます。男性正社員の給与が、年齢別にどう変化していくかを調べてみました。どちらも、「平均」ではなく、「中央値」を年代別に調べています。平均を使うと、一部の高収入な人に引っ張られ、実情が見えなくなるからです。中央値は、100人いたら50番目の人、つまり全体のまん中の人の給与を指します。

　日本の場合は、30歳の給料を1とした時に、40歳は1.44、50歳は1.81と伸び、60歳で1.03へと激減しています。この大幅ダウンの理由は、55歳で役職定年、60歳で定年後再雇用を迎える企業が多いからでしょう。

　一方アメリカは、25〜34歳を1としたとき、35〜44歳は1.28と日本より伸びは小さく、45〜54歳には1.34と10年で0.06ポイントしか伸びません。ただし、55〜64歳では日本のように減ることはなく、現状維持以上の1.37となります。アメリカのいわゆる「まん中にいる人」は、日本のように大き

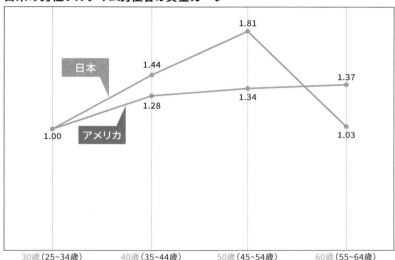

日米の男性フルタイム労働者の賃金カーブ

日本とアメリカの男性正社員中位者の年代別給与

日本のデータは、賃金構造基本統計調査（厚労省）2010年より、一般職員（契約社員含む）のデータを、「月収×12＋賞与」で指数化。
アメリカのデータは、Usual Earnings（Department of Labor）より、年齢別賃金分布より指数化

く給与が上がることも下がることもなく、慣れた仕事を同じ給与でずっと続けている様子が見てとれるでしょう。

## 欧州では「籠の鳥」労働者と呼ばれる

　ただ、それでもアメリカはまだ、日本と似ています。欧州には「職業資格」というものがあり、仕事に就くときこれを持っていないと、正規の給料がもらえません。一度この資格を取れば、別の仕事には移りにくくなりますし、資格自体に「どこまで出世できるか」の上限も決められています。この職業資格と学歴の掛け合わせで就けるジョブが決まり、その中でキャリアを全うすることになる。

　こうした特徴が給与データにも色濃く表れています。次頁の図表は、フランスの男性フルタイム労働者の年齢別年収を、労働区分ごとにグラフ化した

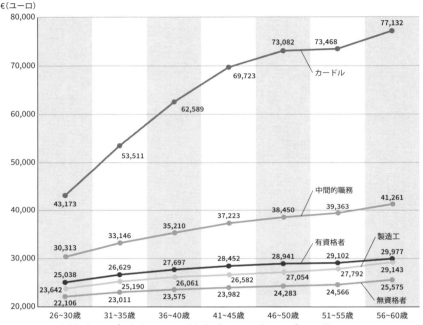

フランスの労働区分別×年齢別年収（€）（フルタイムの男性労働者）

€（ユーロ）

カードル
73,082　73,468
77,132
69,723
62,589
53,511
43,173

中間的職務
41,261
38,450　39,363
37,223
35,210
33,146
30,313

有資格者　製造工
28,452　28,941　29,102　29,977
27,697
26,629　26,061　26,582　27,054　27,792　29,143
25,038　25,190
23,642　23,011　23,575　23,982　24,283　24,566　25,575
22,106　無資格者

26~30歳　31~35歳　36~40歳　41~45歳　46~50歳　51~55歳　56~60歳

Insee,2011　Salaire brut en équivalent temps plein (ou brut annuel par année travail)

ものです。

　一番年収が低いのが資格なく働く人たち（無資格者）。彼らの年収は、20代後半から30歳でおよそ265万円（1ユーロ＝120円で計算、以下同）であり、それが50歳で300万円弱となります。その次に低いのが、製造系の資格を持つ人たち（製造工）。彼らの年収は20代後半から30歳で290万円程度であり、50歳のときには335万円となる。続いて、事務系や販売、サービス、テクニカルなどの資格を持つ人たち（有資格者）。彼らの年収は工員よりほんの少々上で、30歳で300万円、50歳で350万円弱。

　20代後半から30歳と50歳を比べて、給与は1割強、実額にして40〜50万円しか伸びず、ピークでも400万円にも届かない状況です。ちなみに男性フルタイム労働者の65%がこのレンジで働いています。彼らは資格に区切られて上にも横にも行けずに、限られた小さなキャリアスペースで人生を送るた

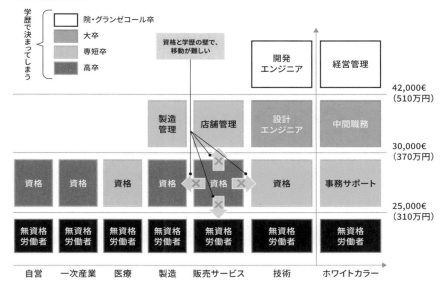

上にも横にも行けない「籠の鳥」で働く

就業に必要な学歴

め、俗に「籠の鳥」と呼ばれるのです。

　フランスでは大卒者の多くがこの上の「中間的職務」の仕事に就きます。20代後半から30歳で360万円程度、50歳だと460万円。販売や製造の人たちよりは多いものの、彼らとて、20年働いて年収は100万円程度しか増えていません。

　対して、最上位にいる「カードル」と呼ばれるエリート層はかなり異なります。この層に入るには、大学よりも難しいグランゼコールを卒業するか、大学院で経営学修士を取得することが必要となります。彼らは20代後半から30歳で520万円、50歳だと880万円と、年齢とともにどんどん給与が上がっていきます。

　キャリアというものが、欧・米・日でこんなにも違うことがお分かりいただけたでしょうか？　私たちはこうした違いを知らずに、すぐに欧米を引き合いに出し、そしてそれを取り入れようとしているのです。この一知半解な拙速さが危ういということを、人事たる人は肝に銘じてほしいところです。

## Section 7 欧米には日本人の知らない 二つの世界がある

> 残業が多く休みが取りにくい日本に比べ、欧米はワーク・ライフ・
> バランス（WLB）が整い、女性も働きやすい。それというのもジョ
> ブ型雇用だから――。まことしやかに伝わるこんな話は大間違い。
> 欧州企業にはジョブ型労働者とエリート層の二つの世界が存在
> し、働き方は全く異なる。

　今節は本論に入る前に、欧米と日本の社会構造の違いを知るために、こんな問題をまず考えていただきます。

> **Q11** 欧州では、高学歴のエリートの卵が、入社早々、一般社員の上司になったりするのですか？

## 本物のジョブ型社会ではキャリアアップは難しい

　前節、日本型の「無限定な働き方」とは、「やさしい仕事から始めて、慣れたらだんだん難しい仕事に入れ替える」というものであることを説明しました。その結果、知らない間に習熟を重ね、給与も職位も上がっていくことになります。まさにキャリアの無限階段が作られているわけです。

　一方、欧米のジョブ型労働は、ジョブとジョブの間の敷居が高く、企業主導で無限階段を容易には作れません。キャリアアップの方法は、原則として

① やる気のある人がジョブとジョブの間の敷居を職業訓練などで乗り越える
② 一部のエリートが自分たちのために用意されたテニュアコースを超スピードで駆け上る

の二つだけ。その他多くの一般人は、生涯にわたって職務内容も給与もあまり変わりません。

　その結果、日本と欧米（とりわけ欧州）では、労働観が大きく変わってしまいます。日本では「誰でも階段を上って当たり前」という考え方が、働く人にも使用者にも常識となり、「給与は上がって当たり前。役職も上がって当たり前」（労働者側）、「入ったときと同じ仕事をしてもらっていては困る。経験相応に難易度は上げる」（使用者側）となるわけです。つまり労使とも、年功カーブを前提としているのですね。

　このあたりを、具体的な事例でもう少し詳しく見ていきましょう。

　例えば、採用面接に来た若者が、経理事務員として伝票処理や仕訳などの経理実務をこなせるとします。その若者を採用する企業はどんなことを考えるか。日本企業であれば「事務は入り口であり、数年したら決算業務をリードし、その後、税務や管理会計も覚え、35歳にもなれば、経営管理業務に携われるように育ってほしい」と考えるでしょう。つまり、「経理事務」はあくまでキャリアの入り口であり、決算→税務→管理会計→経営管理と階段を上り、それに伴ってどんどん昇給し、役職も上がっていくと考えます。

　一方欧州では、例外的なケースを除けば、事務で入った人は一生事務をやります。彼らの多くはこちらでいうところの高専や短大にあたるIUT（技術短期大学）やSTS（上級技手養成短期高等教育課程）、もしくは大学の職業課程（普通学科とは異なる）を卒業しています。経営管理に関しては、グランゼコールや大学院などでそれを学んだ人が就き、入社したときから「管理職の卵」としての扱いを受けます。

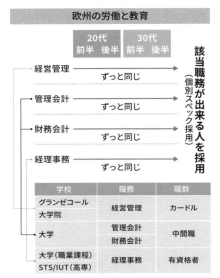

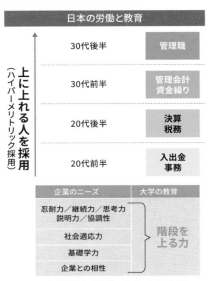

## ずっと同じ仕事をする欧州、階段を上る日本

**欧州の労働と教育**

| | 20代前半 後半 | 30代前半 後半 | |
|---|---|---|---|
| 経営管理 | ← ずっと同じ → | | 該当職務が出来る人を採用（個別スペック採用） |
| 管理会計 | ← ずっと同じ → | | |
| 財務会計 | ← ずっと同じ → | | |
| 経理事務 | ← ずっと同じ → | | |

| 学校 | 職務 | 職群 |
|---|---|---|
| グランゼコール 大学院 | 経営管理 | カードル |
| 大学 | 管理会計 財務会計 | 中間職 |
| 大学（職業課程） STS/IUT（高専） | 経理事務 | 有資格者 |

それぞれの職務に合った訓練を、学校種別ごとに担当

**日本の労働と教育**

上に上れる人を採用（ハイパーメリトリック採用）

| 30代後半 | 管理職 |
|---|---|
| 30代前半 | 管理会計 資金繰り |
| 20代後半 | 決算 税務 |
| 20代前半 | 入出金 事務 |

| 企業のニーズ | 大学の教育 |
|---|---|
| 忍耐力／継続力／思考力 説明力／協調性 | 階段を上る力 |
| 社会適応力 | |
| 基礎学力 | |
| 企業との相性 | |

大学時代に「階段を上る」力を育てる

## 欧米エリートこそスーパージェネラリスト!?

　このように、学歴と専攻に従って、公的な職業資格が与えられ、その資格で定められた仕事をする。つまり、自分の持っている資格に従って「一生事務のまま」「決算担当のまま」、上にも横にも閉じられた「箱」の中でキャリアを全うする。そのさまを、彼らは「籠の鳥」「箱の中のネズミ」と自嘲気味に語ったりします。年収も硬直的で、20代のころ300万円くらいだった人が、50歳になっても350万円くらい、だということは前節データで示しました。

　同じ仕事を長くしていれば熟練度は上がり、同時に倦怠感も高まるという二つの理由で労働時間は短くなります。だから欧州（とりわけ大陸系国）の労働時間は短く、雇用者の年間労働時間が1500〜1600時間程度に抑えられている国が多いのです。日本のフルタイマー雇用者の年間労働時間が2000

時間程度であるのと比べると、400〜500時間も短くなっています。ドイツやフランスでは残業はほとんどなく（もしくは代休を確実に取得させられ）、年間40日もある有給休暇も完全消化します。この欧州型の「300万〜500万円」で働く人こそ、本当の意味でジョブ型労働者と言えるでしょう。

　それを超えたエリート層（フランスで言う「カードル」）たちは、昇進していくためには、「マルチ・ジョブ（多職）／マルチ・ファンクション（多事業部）／マルチ・リージョン（多国）」の経験が必要と言われ、重要な職務を数多く経験していきます。異動の際には企業から異動指令が出されます。もちろん日本のように強制ではなく、本人に拒否権はありますが、エリートの彼らは、多くの場合指令に従います。日本型の無限定雇用とそんなに違いはないと言えるでしょう。

　重要な職務の階段を上る例として「マルチ・リージョン」を挙げるとすると、最初はフランス本国、続いて欧州内、さらに米国、その後は言葉も通じ、自国の文化も比較的浸透している旧植民地国、最後にアジア、などといった形で、（この通りでなくとも）難易度を徐々に上げていく仕組みになっているところも日本と似ています。

　一方、年収300万〜400万円のジョブ型労働者は、例えば今の仕事が機械化などで不要となった場合、職業訓練所に通い、新たな職業資格を取ることになります（その間は有給休暇となる）。フランスだとAFPAやGRETAなどの公的職業訓練校があるのですが、その取得免許レベルを見ると、98〜99％が「高卒・短大卒相応」であり、一つの「籠」から出たとしても結局、年収300万〜400万円の別の籠に移るだけの生活を、一生する人が多くなっています。

## ジョブワーカーたちが残業しない理由は「お腹が空くから」

　こうしたジョブ型「籠の鳥」労働者の生活とはいかなるものでしょうか？
　製造や販売、単純事務、上級ホワイトカラーとの端境領域（中間的職務）などを担当している彼らには、残業はないに等しく、17時になるとさっと仕事を終えます。銀行やお役所などでお客さんが列を成していても、「はい、

ここまで」と窓口を一方的に閉じるのが当たり前。日本じゃありえませんよね。私が取材を申し込むときも、役所や学校などの公的機関でさえ、「金曜はダメ」と平気で断られます。週末はもう働く気分ではないのでしょう。

そんな彼らに、私は取材で以下の質問をしたことがあります。

「夜遅くまでの残業は嫌だろうけど、明るいうちに18時くらいまで1時間超過勤務して、残業手当をもらって一杯やりに行く生活の方が良くはないか？」と。

彼らの反応はどんなものか、皆さん想像できますか？

多くの日本人は欧州に憧れを抱いています。だからたぶん、「家に帰って趣味や教養の時間にする」とか、「地域活動や社会奉仕など別のコミュニティでの時間が始まる」などと、エクセレントな想像をするのではないですか？彼らの答えは全く違います。

「お腹が空くから家に帰る」

というものなのです。「お腹が空いたら、牛丼でもカレーでも食べて仕事をすればいいじゃないか」と問い返すと、返答はこうです。

「あのね、朝飯でも10ユーロ（約1200円）もかかるんだよ。夕飯なんて外で食べるわけないじゃない。外食ディナーなんて、友人が遠くから来たとか、誕生日とかそんなハレの日しかしないよ」

そう、バカ高い物価と低賃金のはざまで、そんな生活をしているのが実情なのです。それでも残業が全くなければ、夫婦ともに正社員を続けることが可能です。そうすれば世帯年収は700万円くらいにはなる。欧州の国の多くは大学も無料に近いから、子育てもできる。だから何とか生活は成り立ちます。

さて、では彼らは長いサマーバケーションなどはどう過ごすのでしょうか？フランソワーズ・サガンの小説などを読めば、ニースやツーロンなど南仏の避暑地でバカンスしているパリジャンの姿が思い浮かびませんか？

実際は、パリ郊外の公園にブルーシートを張ってキャンプをしていたりします。この「ブルーシートを張ったキャンプ用地」の提供なども地元のお役所がやっています。

こんな状況をフランス研究の専門家、例えば夏目達也先生（名古屋大学）、

五十畑浩平先生（名城大学）、永野仁美先生（上智大学）のような方にお話しすると皆、うなずいた後に「想像以上につましい生活をしている」とおっしゃいます。

スウェーデン研究者の西村純氏（労働政策研究・研修機構）はこんな感じで答えてくれました。

「確かにつましいですね。でも、バーにはそれなりに行っているようですよ。ただし、ハッピーアワーが終わると潮が引くようにスーッと人影がまばらになりますが（笑）」

## 「二つの世界」をごっちゃにしている日本人

結局、欧州は完全にエリートと一般ジョブワーカーの二つの世界に分かれており、米国はそこまできれいに分かれてはいませんが、それに類する社会となっているというのが、私の概観です。その両者には大きな格差があるから、欧州の場合、社会全体が格差を是正するような再分配の制度をきっちり敷いている。でもそれによって、この階級分化がより強固に維持されている感があります。米国は、欧州のような職業資格での分断が起きないので、階級分化は「公的なもの」とは言えません。だからこそなかなか再分配政策が進まないのではないか、などと考えています。

この二つの世界の存在が、日本人にはあまり理解できないところで、人事や雇用、キャリアを語るうえで大きな誤解を生んでいます。そこで、問題です。

**Q12** 欧州ではワーク・ライフ・バランス（WLB）が充実し、休み放題と聞きます。グローバルエリートたちも短時間労働なのですか？

例えば「フランスなどでは午睡の時間があって、家に帰ってランチを食べたあと寝るような優雅な生活をしている」という話がまことしやかにささやかれています。

　一方で「欧米のエリートは若くから精力的に働く。日本人の大卒若手のような雑巾掛けはなく、海外赴任やハードプロジェクトなどをバリバリこなしている」という話も、同じように日本では語られます。

　どちらも間違っていませんが、指している対象が異なりますよね。そういうことを知らない日本人、しかも国内には二つに分かれた世界がない日本人は、誤解をしてしまうのです。あたかも欧米では、グローバルエリートまでもが午睡をしていると…（ちなみに「家に帰る」理由も「外で昼食をとると高いから」です）。

　ここまでいかなくとも、「二つの世界をごっちゃにした」似たような誤解は多々起こります。「欧米ではエリートでもWLBが充実」とか「欧米なら育休を取って休んでも昇進が遅れることがない」なども、二つの世界の錯綜です。

　向こうのエリートは夜討ち朝駆けの生活をしている。それは欧米企業の日本法人で「出世コース」にいる人を見れば分かるでしょう（ただし無駄な仕事はしていませんが）。フランスなどではエリート層にあたるカードルでも、男性がフルに育休を取るケースがあると言います。が、彼らは「家庭を選んだ人」と呼ばれ、昇進トラックからは外れていく。

　美人実業家として有名なマリッサ・メイヤー氏は米ヤフーのCEO時代にこう言いました。

「出世したいと思うなら、育休は2カ月以上取るな」

　また、GEの名物CEOだったジャック・ウェルチ氏はこう言っています。
「ワーク・ライフ・バランスなんてものはない。あるのはワーク・ライフ・チョイスだ。ライフかワーク、どっちを取るかだ」
　つまり、WLB充実な生き方を選べば、すなわち「籠の鳥」労働者となるということなのです。

　この分断は社会問題にもなっていますね。EUでは多くの国で、ネオナチのような右翼・国粋主義的な政党が支持率を伸ばし、40パーセントもの支持を集めている国もあります。こうした問題に対して、世の識者は「移民や域内移動者に仕事を取られた人の不満だ」と解説します。

　ですが、移民と競合している人たちはどの国にも1割程度しかいません。そうではなくて「籠の鳥」労働者が、この狭い世界に閉じ込められていることで不満がたまった結果が、極右政党の伸張の陰にあると私は読んでいます。

　人事や雇用に携わる人は、このことを絶対忘れずに。「欧米型を取り入れる」と言ったとき、あなたは、二つの世界のどちらの話をしているのか、しっかり考え、それをごっちゃにしないこと。そして、欧米型はつまるところ、二つの世界を生み出してしまうこと。これらを心していただきたいものです。

# ようやくジョブ型の本質を端的に示します

ここまでで、今の「ジョブ型」騒動は、欧米型の人事・雇用を「都合よく」解釈して、「日本型の悪い点」を正したものが、さも「ジョブ型」だと盲信しているという状況にお気づきいただけたのではないでしょうか。

## 再度、今の「ジョブ型」騒動を振り返る

昨今、「日本式ジョブ型」を導入したという企業が増えている。その要点をまとめると以下の通りです。

● 職務をジョブディスクリプション（職務記述書、JD）できっちり定義する
● 成果基準を明確にする

さらにこの二つに加えて

● 職種別にスペシャリストとして育てる

概略この3つを標榜するケースが大半でしょう。

ですが、この3つとも本家の欧米企業とは別物になっています。まず、欧米のJDを見ても全く合点のいかない曖昧な表現だらけだというのは、4節で現物や研究報告を例示した通りです。

成果基準に関してはもっと甘いことを知っておいてほしいところです。欧米の査定は、本人同意が必要なんですね。日本のように勝手に上司がつけることはできない。だから、それこそかなり「緩い基準」で「誰もが

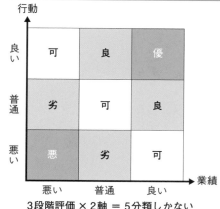

**欧米への幻想）成果評価はたった3段階**

|  | 悪い | 普通 | 良い |
|---|---|---|---|
| 良い（行動） | 可 | 良 | 優 |
| 普通 | 劣 | 可 | 良 |
| 悪い | 悪 | 劣 | 可 |

3段階評価 × 2軸 ＝ 5分類しかない

納得する」レベルの査定しかできないのです。

　通常欧米で使われているのは「ナインボックス」という仕組みです。評価軸は二つ。たいていの場合、「業績と行動」とかですね。それも「良い・普通・悪い」の3区分しかありません。

　これでは、細かな成果評価などとても無理でしょう。何よりも欧米企業の給与体系は、基本的に固定給であり、成果反映されて上下動する類のものではありません（営業などの歩合制を除く）。ポストごとに給与レンジが定められており、査定により、そのレンジ内で小さな昇給を重ねるというもの。

　それは、日本の定期昇給同様の積み上げ式であり、決して減額されることはありません。すなわち成果によって上下変動などしないのです。日本の場合、賞与は本人査定や会社業績により大きく上下動しますが、欧米ではそれさえもありません。一般に賞与はクリスマス時季に支給される「13カ月目の給与」と呼ばれ、1カ月分の固定支払いというケースが大多数です。社員との協定で、1.5カ月や2カ月分を支給する企業も見られますが、それも一律かつ固定です。成果変動はほぼないのです。

　職種別にスペシャリストを育てるという話も現実とはまるで異なります。

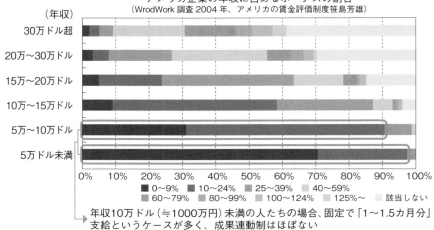

欧米への幻想） 賞与は固定で成果反映などしていない

アメリカ企業の年収に占めるボーナスの割合
（WrodWork 調査 2004 年、アメリカの賃金評価制度笹島芳雄）

（年収）
- 30万ドル超
- 20万～30万ドル
- 15万～20万ドル
- 10万～15万ドル
- 5万～10万ドル
- 5万ドル未満

0%　10%　20%　30%　40%　50%　60%　70%　80%　90%　100%

- 0～9%
- 10～24%
- 25～39%
- 40～59%
- 60～79%
- 80～99%
- 100～124%
- 125%～
- 該当しない

年収10万ドル（≒1000万円）未満の人たちの場合、固定で「1～1.5カ月分」支給というケースが多く、成果連動制はほぼない

エリート社員たちは、パイプライン管理とかタフ・アサインメントと呼ばれる人事管理のもと、日本以上に厳しいジョブローテーション下で育てられます。それこそ、「できるかできないかギリギリの階段」を上らされるわけであり、一応、建前上、任用拒否権はありますが、上を目指す彼らは、そんなものを行使することは少ないでしょう（ハズレ職務を指示された場合は別ですが）。エグゼクティブへの昇進基準としては、（すでに書きましたが）「マルチ・ファンクション（多事業）」「マルチ・リージョン（多国）」「マルチ・ジョブ（多職）」＝3つのMultiが必要だなどと言われます。

　つまり、この点でもそんなに変わらないということが分かりましたか？

　ここまで書くと、日本で騒がれているジョブ型って、全く的を射ていないと分かるのではないでしょうか。

　逆に言うと、日本でもエンジニアや経理などの事務職は、基本、スペシャリストとして育成されるケースが多いではないですか。職種別採用というなら、エンジニアは昔からずっと「ジョブ型採用」ですよね。え？　配属先が決まっていないから違う？　いやそれなら、中途採用はほぼ配属先が決まっています。彼らは皆、ジョブ型雇用なんでしょうか？

## 本当のジョブ型とは、「ポスト型」に他ならない

　もうやめましょう。こんなことは、日本人が勝手に解釈した「ジョブ型」にすぎません。欧米にはそもそも「ジョブ型」なんて働き方はない。彼らの人事制度の基本は、以下の通りです。

① ジョブ＝ポスト（同一ポストに色々な賃金・役割の人が混在しない）
② ポストは定数が決まっている
③ 組織計画ではまずポスト数が決められる（人に合わせて増減しない。ポストに合わせ人を増減する）
④ ポストは勝手に変えられない（本人同意が必要）

　この4つが欧米型雇用の基本であり、その結果、欧米型のキャリアが形成

されるわけです。今まで書いてきたことを復習しておきましょう。

## 転職とWLB

　物理的ポスト数が、上席から末端までまず決められてしまう。その定数が現状、満席であれば、どんなに頑張っても昇進は起きない。とすると、上を目指す人は上位ポストの空いている会社へ転職し、できない人間はクビにならない程度の業績を残して、あとはWLBに重きを置く。

　一方、日本型の職能等級では物理的ポストではないので、（とりわけ下位等級は）定員などなく習熟に応じて半ば自動的に昇級できる。だから辞めない。

## 若者の苦労と熟年の優遇

　欧米の場合、一般社員（＝本当の意味のジョブワーカー）が同一ポストで働く限り、レンジ内の少額な昇給にとどまる。とすると、熟年の熟練者は若者との給与差は小さく、それでいて業務に精通しているため、安心して仕事を任せられる。そのため、若者よりも熟年者が雇用では優遇される。

　一方、日本の場合、年齢と経験に応じて昇級を果たし、給与も上がる。さらに、職務も管理的なものになっていく。実務もできず給与が高い熟年者はリストラの対象となる。

## 総人件費コントロール

　欧米の場合、ポストで給与が決まる。ポストの数が変わらなければ、基本、総人件費は変わらない（正確にいうと、ポスト内給与レンジの上限まで昇給するので微額の増加はあるが、すぐにレンジ上限となり、人件費増は止まる）。一方、日本の場合はポスト数が変わらなくとも、昇級と定期昇給が相まって、給与は上がり続ける。

　また、ポスト数をまず厳格に決める欧米（とりわけ米国）では、経営合理性にしたがって、不況時はポスト数が減少する。結果、総人件費カットが容易に行える。一方日本は、ポストの概念が曖昧で、個人能力に応じて昇進用にポストを増減し続けてきたため、不況時に「ポストがなくなった」という

理由ではなかなか解雇が行いにくい。

　結局、人事の基本をポスト管理に置くか、人材管理に置くか、が欧米と日本の最大の違いなのです。この点を変えることによって、雇用慣行やキャリア志向などがダイナミックに変わる。ところが、日本人にはどうしてもここが理解できず、人材管理のまま、欧米型を移入しようとし続けたのが、「脱日本型騒動」の歴史なのです。

　こうした根源的誤りを正すために、私は「職務」や「ジョブ」という言葉を使わないようにすべき、と訴えています。職務やジョブは「人」に付けることも、「ポスト」に付けることもできてしまうのですね。

　その象徴がJD騒動なのです。

　JDとはそもそも、ポストについて何をするかを書いたものです。ところが、日本ではJDさえも「人」別に存在すると思っている。だから同一ポストなのに、等級に応じて様々なランクの人が混在し続け、それぞれ別のジョブが作られていきます。もちろん、そこには厳格な定員管理などもありません。


## その仕組みは、Job for person になっていませんか？

　新しい人事制度設計でも、「脱日本型」を謳（うた）う多くの企業で、「人」をベースにしているケースが後を絶ちません。その端的な例が以下のようなものです。

　「私たちは職能等級を排して、これからはジョブグレードを用いることにします。経歴や能力にふさわしい職務を担当してもらうため、ジョブグレードはあります」

とこういう話が鼻高々に広報されてしまうのです。この新等級ももちろん「人」に付けられています。そして、こんな制度を売りつけている良からぬコンサルティング・ファームも多々存在する。

　これって、「今後は、能力等級にふさわしい職務を任せるようにします」と言えば、何ら変わっていないことに気づくでしょう。いわば、能力等級を補完しただけのことです。

　さて、どうしてこんな間違いが起きてしまうのでしょうか？

　その根源は、ジョブを「職務」と訳していることにあるのです。「職務」
であれば、いくらでも持ち運ぶことは可能で、個人に合わせて職務を作り上
げることもできる。すなわち、職務とはフレキシブルでオーダーメードなも
のになる。結果、「その人の能力に相応な職務にする」となり、職能等級の
マイナーチェンジにとどまってしまいます。似たようなものとして、すでに
役割等級や職責等級があり、ジョブグレードなどはそれを明確化しただけの
ことでしょう。

　欧米型のジョブとは、持ち運べない、スタティック（固定的・非可変的）
なものなのです。そして、現在の欧米型人事では、それはほぼ「ポスト」と
同じ意味に落ち着いている。

　ジョブに合わせて賃金を払う、といっても、ジョブ自体は見えません。ジョ
ブがなくなったからクビ、といっても「見えない」もののあるなしは計れな
いでしょう。しかも、ブルーカラー時代ならいざ知らず、ホワイトカラー社
会において、ジョブを「タスク」で一意に示すことなどできはしません（何
度も書きました）。

　合理的説明を重要視する欧米では、ジョブの管理をとうの昔に「ポスト」
にしています。これなら見えるし、その数の増減も一目で分かる。ポストが
なくなったからクビ、ポストが違うから給与が違う。全くスムーズに理解で
きるでしょう。これを英語で書くなら、

Grade for post
Pay for post
Job for post
Person for post

となる。等級も給料も職務もすべて「ポスト」にひも付ける。

　翻って考えれば、職務も給与も人にひも付け、持ち運べるような制度設計
をしているうちは、脱日本型とは到底言えはしないと分かるでしょう。

　新しく作ったというその仕組みは、Job for personになっていませんか？

　60年続いた「脱日本型騒動」を乗り越えるには、この点が重要です。

# 2章

日本型雇用に
つきまとう
5つの社会問題

現代の日本に起きている様々な社会問題のうち、雇用に端を発しているものが少なくありません。ただ、残念なことに、マスコミの取り上げ方は、反響の大きさを重視し、事の本質を捉えないきらいがあります。

　例えば、非正規雇用者の増加について考えるとき、ワーキングプアや就職氷河期という言葉と一緒に用いられることが多かったのではないでしょうか。確かに非正規雇用者の多くが年収200万円未満です。がしかし、その多くは壮年期の世帯主ではありません。2120万人（2018年）にまで増えた非正規雇用者ですが、主婦がその44.5％（943万人）を占めています。続いて多いのが、シニア（主婦を除く）で、60歳以上の人が19.2％（407万人）となります。

　さらに学生が8.6％（183万人）と続く。ここまでで72.3％。対して男性壮年期の非正規（学生を除く）は273万人、全体の12.9％と非正規の8人に一人となります。一家の大黒柱の男性が非正規…という話はそれほど多くはないのです。

　2020年は新型コロナウイルス感染症の蔓延で非正規社員の雇用契約終了が起き、たくさんの失業者が出ました。彼らを支援するために、年越し派遣村が設けられ、食事と暖を取る場所が提供されました。同様な施策は、2008年のリーマンショック時にもなされました。当時は、小泉改革の規制緩和で派遣対象職種が増えたことにより、非正規社員が急増し、こうした惨状となった、としきりに叫ばれたものです。

　ただし、2008年12月期当時の非正規雇用1801万人に対して派遣社員は146万人（8％）。派遣が非正規数を押し上げたとはとても言えないでしょう。2020年であれば、9月時点の非正規雇用2036万人のうち派遣社員は132万人（6.5％）。同時期の非正規雇用者の雇止めに占める派遣社員の割合も7％足らずです。派遣以外の非正規が9割以上も占めるのに「派遣村」という名前がつけられている…。

　こんな感じで、雇用にまつわる報道は至る所間違いだらけなのです。

　日本にはもちろん、雇用に根差す社会問題は多々あります。現状ではそれが「雑音」にかき消されて見えなくなっている。だからこそ、この章を読んでほしいのです。

　日本型雇用という仕組みが持つマイナスの部分が社会にどのような悪影響をもたらしているか。構造的に理解し、社会の雑音をシャットアウトする目を培ってほしいところです。

Section
8

# ミドルが生きづらいのは日本だけ？
# その構造的な理由

> ● 若年層の失業率が長年の課題である欧米に対し、日本ではミドル/
> ● シニア層が「お荷物」と見なされ、リストラ時には真っ先にやり
> ● 玉に挙げられる。雇用を巡る社会問題の違いも実は、両者の雇用
> ● システムが異なっていることに起因している。

　前章で、欧米（とりわけ欧州）と日本はキャリア構造が全く異なることを解説しました。それが社会問題にも大きな相違を生み出しています。さあ、早速問題です。

---

**Q13**　欧州でもミドルや非正規の雇用問題が生まれているのですか？

---

## 給与が安い熟練ミドルが若者の雇用を奪う欧米

　前章で、欧米の雇用の仕組みとは、「高速スピードでキャリアの階段を上る一部のエリート」と「ストップモーションで同じ仕事を同じ年収で続ける大多数の人たち」に分化することを示してきました。図示すると次頁の図のようになります。
　一方日本では、原則として正社員である限り、誰でも緩く階段を上り続け、非正規雇用の人たちは階段が用意されず、低賃金からなかなか脱い出せない

## 欧米と日本のキャリア構造の違い

欧米のキャリア構造

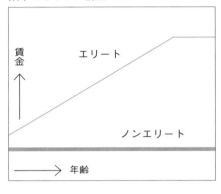

日本のキャリア構造

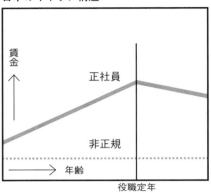

形になっています。日本と欧米では、このように全く異なる雇用システムを持つため、発生する雇用問題も構造を異にします。

　例えば、ひところ日本でもよく騒がれた「若者はかわいそう」論ですが、この問題が構造上より色濃く現れるのは欧州においてです。向こうは「若者に厳しく、ミドル／シニアに優しい」社会なのですね。

　欧米であれば、多くのノンエリートのミドル／シニア層は、年齢を重ねても年収は大して上がりません。そのうえ、彼らは熟練者だから企業には教育研修などのコストもかかりません。しかも日本のミドル／シニアと異なり、管理職ではなく現場で実務をこなしているから、腕も鈍らない——。つまり、会社としては、いてもらって損はしない人材です。だから欧米では一般的に、ミドル／シニアの雇用に関わる問題が起こりづらい構造になっています。

　それに対して欧米の若年層は、スキルは未熟なのに賃金は熟練者と大して変わらないので、企業は「彼らを雇うとコストの割に成果が上がらない」と忌避します。結果、若者の雇用が著しく損なわれます。これは欧米型雇用の第1の問題で、若者の失業率などを比較すると端的に分かります。

　次頁のグラフでは、ドイツ周辺国、いわゆるゲルマン民族圏は日本同様、失業率が低くなっていますが、その理由は「教育と職業の連結」を取り上げ

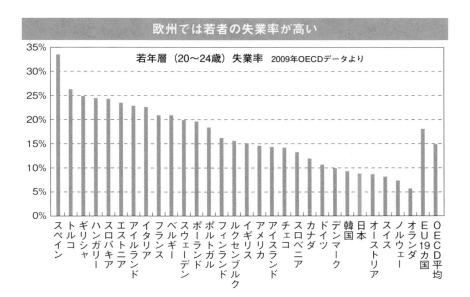

**欧州では若者の失業率が高い**

若年層（20～24歳）失業率　2009年OECDデータより

る別稿にゆずります。こうしたゲルマン諸国を除くと、なべて欧米諸国は若年失業が大きな問題だと改めて気づくでしょう。

## 給与もやる気も上がらないから家庭は円満

一方、「熟年に優しい」というデータも示しておきましょう。

次頁グラフは欧州諸国の年代別平均勤続年数（男性正社員）を見たものです（彼の国でも女性は出産・育児退社などがあるので、日本と同様男性よりも勤続年数が短くなっています）。

この図で分かる通り、35歳を超えたあたりから急速に平均勤続年数は延び、50代では多くの国が20年を超え、日本より長い国も見られます（日本の平均は22年）。転職が激しいと言われるアングロサクソン系の英国でさえ、50代の勤続年数は15年。つまり、熟年者は総じて辞めないのです。

失業率や転職率を見ても、同様のことが言えます。世界中どこでも、失業率・転職率は若高・老低なのですが、日本ではその差は小さく、欧米諸国は

**087**

## 欧州諸国の年代別平均勤続年数（男性正社員）

### 欧州は「ミドル/シニアに優しい」社会

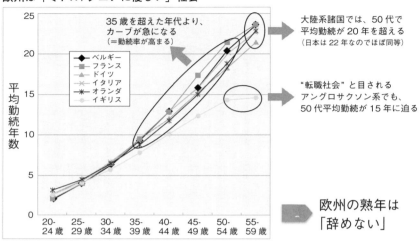

35歳を超えた年代より、
カーブが急になる
（＝勤続率が高まる）

凡例：
- ベルギー
- フランス
- ドイツ
- イタリア
- オランダ
- イギリス

（縦軸）平均勤続年数

（横軸）20〜24歳 25〜29歳 30〜34歳 35〜39歳 40〜44歳 45〜49歳 50〜54歳 55〜59歳

OECDデータ2009年（Tenure Term）

大陸系諸国では、50代で
平均勤続が20年を超える
（日本は22年なのでほぼ同等）

"転職社会"と目される
アングロサクソン系でも、
50代平均勤続が15年に迫る

欧州の熟年は
「辞めない」

## 日本は若者も失業や転職が少ない

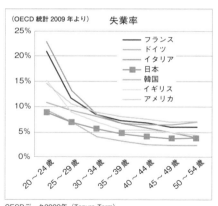

（OECD統計2009年より） 失業率

凡例：
- フランス
- ドイツ
- イタリア
- 日本
- 韓国
- イギリス
- アメリカ

（横軸）20〜24歳 25〜29歳 30〜34歳 35〜39歳 40〜44歳 45〜49歳 50〜54歳

OECDデータ2009年（Tenure Term）

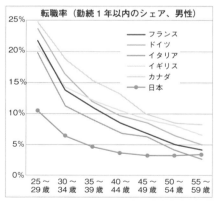

転職率（勤続1年以内のシェア、男性）

凡例：
- フランス
- ドイツ
- イタリア
- イギリス
- カナダ
- 日本

（横軸）25〜29歳 30〜34歳 35〜39歳 40〜44歳 45〜49歳 50〜54歳 55〜59歳

ものすごく大きいということが一目で分かります。

　欧米型雇用の第2の問題は、一部のエリートのみモチベーションが高く猛烈に働きますが、それ以外の大多数はやる気がないことです。当然、企業は彼らのマネジメントに困ります（というか、期待はしないようになります）。

　こうした二つの大きな問題とトレードオフで、メリットが生まれます。低モチベーションのジョブワーカーたちは、短時間勤務と潤沢な休暇で、ワーク・ライフ・バランス（WLB）が充実するというのが第1のメリット。また年収が変わらず大きな昇進もないために、途中で会社を変えたり、長期間休んだりしても、「後輩に抜かれる」ということがありません。だから転職や休職にためらいなく踏み切れるというのが第2のメリットです。

## 欧米型雇用システムの特徴

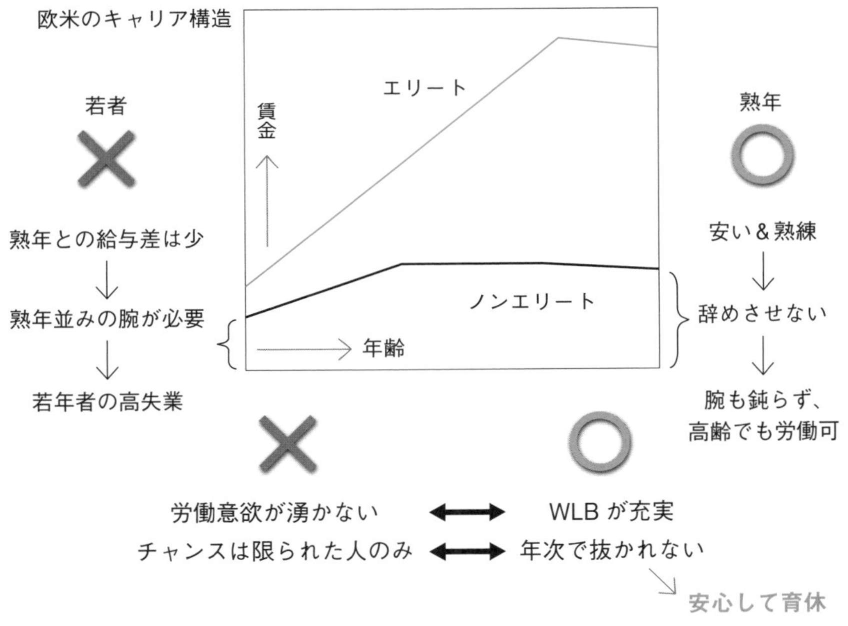

欧米のキャリア構造

若者 ✕

熟年との給与差は少
↓
熟年並みの腕が必要
↓
若年者の高失業

賃金 ↑ エリート

ノンエリート
→ 年齢

熟年 ◯

安い＆熟練
↓
辞めさせない
↓
腕も鈍らず、
高齢でも労働可

✕　労働意欲が湧かない　⟷　WLBが充実　◯
　　チャンスは限られた人のみ　⟷　年次で抜かれない
　　　　　　　　　　　　　　　　　　　　↘ 安心して育休

**▶ キャリアの前半は日本型、後半は欧米型が最適な落としどころ**

WLBと「抜かれない」ことが相まって、仕事と育児や家事などの両立が自由にできる。そして「どうせ出世しないんだから、俺が育休取るよ」という男性も多々現れるので、男女の負担も平等になっていきます。

## 日本と欧米の社会問題は真逆！

さて、今度は日本の番です。

日本は原則として、誰もが階段を上がり、職務難易度と年収を上げていく構造でした。この結果、年齢にまつわる問題は、欧米と真逆で、「若者に優しく、ミドル／シニアに厳しい」雇用環境となります。

若年はミドル／シニア層に比べて給与が安く、「仕事を覚えるため」という口実の下、雑用を多々任せることができます。そのため、引く手あまたで採用が進みます。一方ミドル以降は、給与が高くなるうえに、キャリアの階段を上って管理系の仕事が増えるため、実務に疎くなっていきます。不況などで会社に余力がなくなると、「実務ができずに金ばかりかかる」ということで、ミドル／シニアが真っ先にリストラの対象とされてしまう、という構図が頭に思い浮かびますね。

30代後半以降、転職がどんどん厳しくなってくる一因もここにあるでしょう。労使ともこの右肩カーブが暗黙の了解になっているので30代後半なら「年相応のマネジメント力がある人や、今後課長に登用できる人しか採用しないでおこう」と企業側は考えます。同様に労働者側は「20代と同じ仕事・同じ給与じゃ嫌だ」と思うでしょう。この両者の思いがミドルの転職可能性を著しく下げてしまうのです。欧米のジョブワーカーのように年齢関係なく同じ仕事を同じ給与で行うのであれば、いくつになっても転職は容易だし、そもそもリストラにもあいません。ポスト型である日本の非正規も同様です。

一方、欧米の少数のエリートのごとく口八丁手八丁であればまた、転職も容易でしょう。このどちらでもない日本人ミドルには、雇用継続の危機が訪れやすいのです。

続いて、モチベーションとWLBのトレードオフという問題が発生します。日本型の場合、年齢とともに役職や給与も上がる仕組みになっているため、

この階段から外れないように、と皆必死で働きます。結果、会社や上司が力を持つことになり、パワハラが起こりやすい環境が生まれてしまいます。これを悪用したのが俗に言う「ブラック企業」ですね。ただ、この「階段構造」は企業側から見れば、モチベーション管理が容易で、指揮命令が徹底できるという良さがあります。

「今の仕事ができるようになったら、次の難しい仕事」という無限階段を上り続けるため、慣れた同じ仕事を続けるよりも労働時間は延びます。こんなことが相まって、WLBが犠牲になるのです。

## 労働と家庭の不協和音

そしてこの「階段構造」には、必然的にワーク・ファミリー・コンフリクト（WFC）が付いて回ります。一つには、長時間労働で家事・育児・介護をする暇がないという意味での葛藤。もう一つが、階段から脱落したら、どんどん後輩に抜かれてしまう、という危機感。共働きの場合は夫婦のどちらかが犠牲となってこの階段から下りることを余儀なくされます。多くの場合、女性がその役を担わされます。その結果

① 指導的立場に立つ女性の数が伸びない
② 家計負担は男性の肩に重くのしかかる

という問題が連綿と続いたわけです。

昭和のころの「性別役割分担」型社会では、男性が働き、女性は家庭に入るという通念が浸透していました。それはもちろん差別的で不平等な考え方ですが、日本型の「階段を上る雇用」とは相性の良い仕組みではあったのです。

2000年代以降、女性の高学歴化が進む一方で、少子高齢化も度合いを増しています。こうした時代背景の中で、家庭内で男性一人が働くだけだと社会全体の人手不足はより一層深刻化してしまいます。そこで必然的に女性の社会進出が進んだわけです。男女ともに働く社会となった今、この「誰もが

## 「誰でも階段」の板子一枚下は地獄

　さて、日本型にはもう一つ大きな問題が残されています。それが、「非正規雇用」です。

　すでに書いた通り、多くの先進国では「入口規制」「出口規制」を設け、安易に非正規雇用が行われないよう厳しく取り締まっています。日本はまだ出口規制しかなく、それも「5年継続勤務後の無期転換」というかなり緩い規制となっています。そして今でも「契約期間が終わればさようなら」ということが簡単にできてしまう状態です。

　欧米のように非正規雇用は「短期間のイベント」「新規事業・新規出店の当初期間のみ」「産休などの代用」といった場合のみに限定する「入口規制」は全くありません。だからいくらでも非正規社員を雇うことができ、たとえ企業業績が順風満帆だったとしても、気に入らない非正規社員に対しては「期間が満了したからさようなら」と契約終了が可能です。その傍らで補充要員の新規募集が実施されたりしているのです。このように身分保障が弱いという問題が非正規雇用の一つ目の問題です。

　二つ目の問題は、世界的に見ても、生活水準と比べてかなり低い賃金だということ。日本型の「誰もが階段を上り」昇給していく仕組みはなぜ成り立つのかを考えてみると分かるでしょう。欧米企業と人件費の総額はそう変わるものではありません。にもかかわらず、誰もが昇給できるのは、

① トップ層の給与が安い
② 非正規雇用者の給与が安い

という二つの要因で成り立っているわけですね。そこで問題です。

Q14　非正規雇用者の待遇アップは最低賃金の底上げで
実現できますか？

　日本でも近年最低賃金が上がっています（それでも先進国の中で日本はかなり低い方です）。が、こうした最低賃金の引き上げだけでは、非正規雇用者の給与アップは十分にはできないでしょう。例えば欧州諸国の店舗販売員や製造スタッフなどは、加入している職業別組合や産業別組合が経営者と協定を結び、最低賃金よりもかなり高い給与をもらっています。前章で説明した通りフランスでは、店舗販売員や製造工などジョブワーカーの年収は300万円程度でした。彼らの平均的な年間労働時間（約1500時間）から時給を割り出せば、2000円程度となります。これはEUの最低時給（9ユーロ＝約1100円）よりも相当高い金額です。日本の非正規雇用者とは比べるまでもないでしょう。しかも彼・彼女らには残業はなく、有給休暇も使い放題、長いサマーバケーションまであったりするのです。

　日本は、（正社員が）誰でも階段を上れる国ではありますが、一方で非正規雇用者がその犠牲となっている点に気づいてほしいところです。

　ここまで、欧米と日本の雇用システムの違いが生み出す問題を説明してきました。整理すると次頁の図のようになります。

　繰り返しになりますが、雇用システムとはメリットとデメリットのトレードオフで成り立っています。だからどの仕組みにも一長一短があり、万能なものなどありません。日本型雇用は以下の5つの問題を抱えているのです。

1. 高齢者問題
2. 女性問題
3. ワーク・ライフ・バランス（WLB）問題
4. ブラック問題

## 5. 非正規雇用問題

　次節以降、これらの問題について、人事実務と照らし合わせながら、詳細に説明していくことにいたします。

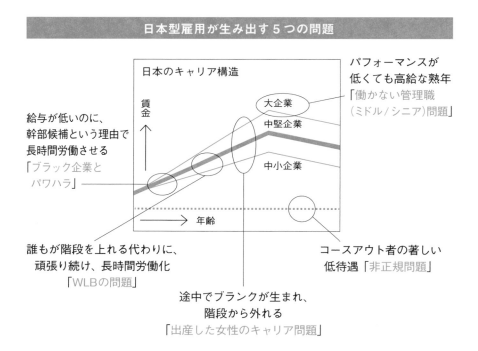

日本型雇用が生み出す5つの問題

日本のキャリア構造

賃金 ↑

大企業

中堅企業

中小企業

→ 年齢

パフォーマンスが
低くても高給な熟年
「働かない管理職
（ミドル/シニア）問題」

給与が低いのに、
幹部候補という理由で
長時間労働させる
「ブラック企業と
　パワハラ」

誰もが階段を上れる代わりに、
頑張り続け、長時間労働化
「WLBの問題」

途中でブランクが生まれ、
階段から外れる
「出産した女性のキャリア問題」

コースアウト者の著しい
低待遇「非正規問題」

# 50年間ずっと変えられなかった
# 長時間労働

> 日本型の「誰もが階段を上る」雇用スタイルは、過重労働という
> 問題をはらむ。日本人の労働時間の長さはOECD41カ国でワース
> ト4位。データではこの30年で160時間以上減っているように見
> えるのだが、実はこの数字も実態を表してはいない。

　前節までは欧米と日本の雇用システムの違いが生み出す功罪を説明してき
ました。今節からは日本型雇用システムに絞ってその問題を詳しく考えてい
きます。

　指摘したように、日本には

1. ワーク・ライフ・バランス（WLB）問題
2. ブラック問題
3. 非正規問題
4. 女性問題
5. ミドル/シニア問題

という5つの大きな問題があります。

　日本型の「誰もが階段を上る」雇用スタイルは、過重労働という問題①を
はらんでいます。それはWLBの欠如、ひいてはブラック企業問題にもつな
がります。まずは、この問題について考えていくことにいたします。

## 「欧州並みに年間1700時間未満に抑える」は無意味

　過重労働を客観的に表すのは「労働時間の長さ」です。この問題を解決す

るために、2015年以降、働き方改革が叫ばれてきました。ただ、ここで安易に労働時間の短い欧州のことを引き合いに出す風潮には大きな問題があります。

1章で「欧米には二つの世界がある」と書いたことを思い出してください。

欧州のジョブワーカーである資格労働者や中間的職務従事者は、確かにとても労働時間が短く、有給も完全消化します。ただし、彼らは一生「同じ仕事をほぼ同じ給与でこなす」タイプの働き方で、彼ら自身がそれを「籠の鳥」と自嘲していましたね。つまり、彼らにとってのWLBとは、横にも縦にも閉ざされた籠の中の「自由」でしかありません。

日本人のように年齢とともに習熟を積み、職務難易度や給与を上げていくタイプの雇用であれば、今の仕事に慣れたらその上の仕事に移る、という職業生活が続くため、必然、労働時間は長くなりがちです。つまり、欧州のジョブワーカーとの比較は的を射ておらず、「労働時間を年間1700時間未満に抑える」という話には現実味がないのです（これは正社員についての話です。非正規雇用者については、欧州並みの短時間労働で、なおかつ生活維持が可能な年収300万円を確保できる仕組みに変えていかなければなりません。この点については、後節で詳細に書くことにいたします）。

## 欧州でもエリートは長時間労働、ただ日本人はそれより長い

実際、欧州でも「階段を上り続ける」エリート（フランスでいう「カードル」）の労働時間は、「籠の鳥」労働者よりも相当長くなっています。カードルの労働組合が出しているデータでみると、年間1900時間を優に超えます。これは「籠の鳥」労働者よりも300〜400時間も長い数字です。

しかも、1日10時間以上働いている人の割合が2割を超え、恒常的に日曜日も働いていると答えた人が7割近くいます（右下図）。WLB大国のフランスでもカードル層の人たちは、その多くが「家族との時間が足りない」と感じています。女性管理職に限るとその割合は7割以上に上ります。そう、階段を上り続ける限り、楽はできないというのが一つの結論でしょう。

ただ、日本の問題はそれで片づきません。

　なぜなら、日本の労働者は欧州のエリートよりもさらに長時間働いているからです。同じ「階段を上る」労働者であり、欧州では少数精鋭のカードルでさえも年間総労働時間は1900時間強。一方日本は、フルタイム労働者の平均が年間2000時間。このフルタイム労働者には非正規も含まれますし、一般職事務員や役

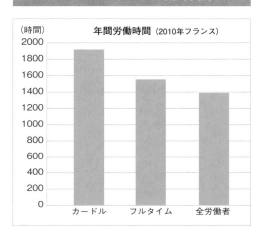

フランスのエリートは長時間労働

年間労働時間（2010年フランス）

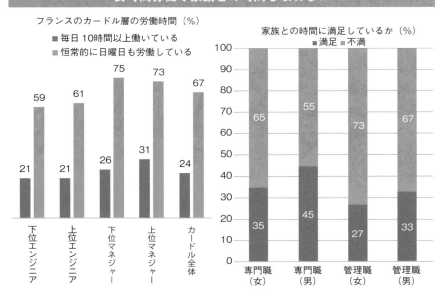

長時間労働で家族との時間も取れない

フランスのカードル層の労働時間（％）
- ■ 毎日10時間以上働いている
- ■ 恒常的に日曜日も労働している

家族との時間に満足しているか（％）
■満足 ■不満

フランス民主労働同盟 2012年、Travail Et Temps Comment
Meitenir Les Equibres

職定年者、定年後のシニア再雇用者など、「階段を上る」働き方とは異なるタイプの人たちも多々います。そうした人たち全員の平均値にもかかわらず、カードルよりも年間労働時間が100時間も多いのです。

　いわゆる日本人の「社員」像とも言える、総合職正社員の壮年期に絞ると、年間総労働時間は一体どのくらいになるのでしょうか。

　リクルートワークス研究所が試算したそれは、男性で約2300時間、女性で約2200時間となっています。所定時間との差で考えると、残業時間は年間400〜500時間。月間ではおおよそ30〜40時間であり、体感値にも近い数字となるでしょう。この年間約2200〜2300時間という日本の男性総合職正社員の労働時間は、フランスのカードル（エリート層）と比べても300〜400時間も長い。これはもう大いに反省すべき問題です。

　なぜこのようなことが起きてしまうのか。その説明をする前に、我が国の労働時間の推移について、過去から振り返っておきます。

## 「30年で160時間減」のまやかし

　雇用者の年間平均総労働時間というデータがあります（次頁のグラフ参照）。これを見ると、日本人の総労働時間は、1994年の1903時間に対して、2014年は1741時間。この30年足らずで162時間も減っているように見えます。同様に所定内労働時間も、1994年の1770時間が2014年には1609時間と、こちらも161時間ものマイナス。こんなデータを見ると、ずいぶん日本も働き方変革が進んだように思えますが、そんな実感、全くないでしょう？

　当然です。この数字はインチキだからです。

　これは雇用者全体の数値であり、そこにはパートタイマーも含まれています。ご存知の通り、この30年間でパートタイムの雇用者は激増しました。次頁グラフ中のパート雇用者比率の上がり具合が、パート雇用者の増加状況を表しています。彼ら短時間労働者がカウントされることで、労働時間も所定内労働時間も「平均値が」下がり続けた。それだけのことなのです。

　パートを除く常用雇用者（常勤総労働時間）に限ると、この20年間、前述したように労働時間はおおよそ2000時間で推移し続けました。ちなみに、

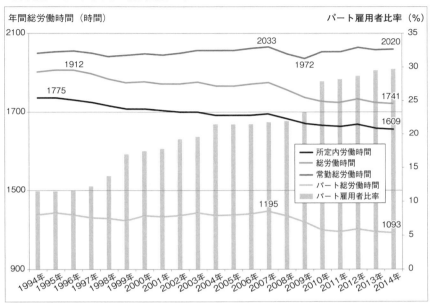

**パートタイマーが増えて平均労働時間が短縮**

※図中数字はピークとボトム及び直近データ

年間総労働時間（時間）　　　　　　　　　　　　　　パート雇用者比率（%）

（グラフ凡例）
所定内労働時間
総労働時間
常勤総労働時間
パート総労働時間
パート雇用者比率

厚生労働省　毎月勤労統計調査より作成

常用雇用者ベースで労働時間を比較すると、OECD加盟41カ国で日本より長いのは、トルコ、メキシコ、韓国の3国しかありません。先進国レベルの所得水準（一人当たり年間3万ドル以上）に絞れば、日本と韓国が突出して労働時間が長いといえるでしょう。

## 不況で週休二日制が広まる

　もう少し長いスパンで見た場合、日本人の労働時間はどう推移してきたのか。次頁の図はそれを示しています。

　雇用者の労働時間は、1960年前後にピークとなり、その後3回の減少期を経て、現在に至ります。1回目の減少期が1960年代。1960年には年間総労

働時間が2426時間だったのが1970年には2239時間と、10年で187時間も減りました。これは、オートメーションが進展し、労働集約型の産業構造が改善されたことによるものです。

　続いて、1970〜1975年に162時間の減少。5年スパンではこの時期が最大のマイナスとなっています。そして1985〜1995年は10年で199時間マイナス。この2回の減少については、主因は似ています。週休変更と不況によるものなのです。

　まず1970年代前半は、高度成長が終わり安定成長に移行した時期。ちょうどそのときにオイルショックが起きました。ここで工場の稼働率が下がり、企業は週休二日制を導入し始めました。それが年間労働時間を大幅に短くしたのです。

　そして1980年代後半にはバブル下で労働者の待遇条件が向上し、その時

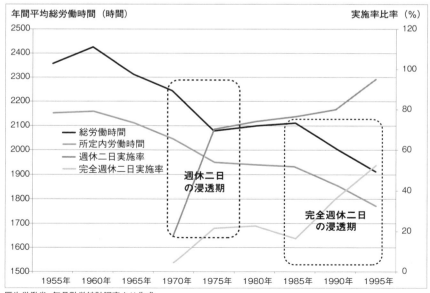

労働時間の推移と週休二日制実施率

厚生労働省　毎月勤労統計調査より作成

期に国が音頭を取って「時短元年」運動が起こったため、完全週休二日制（注）
が浸透し始めました。その直後にバブル崩壊が起き、このときもまた工場の
稼働率が低下したので完全週休二日制が広まったのです。

　要は、1960年代を除けば、その後50年近く、不況と週休変更以外では、
残業は減らせなかったというのが事実と言えるでしょう。

　日本型雇用における5つの問題として取り上げた、「女性の社会進出の遅
れ」は、データで見る限り、牛歩ながらその改善が見て取れます。賃金構造
基本統計調査（厚生労働省）のサンプル数で見ると、1980年代に係長に占
める女性の割合は、大企業で5％を切る状態だったものが、2015年では20％
に迫っています。対してこの30年間一貫して岩盤のように固く維持され続
けたのが「長時間労働」という風習なのだと、気づいてほしいところです。

（注）週休二日制は月に1週以上2日休みの週があること、完全週休二日制は毎週必ず2日以
　　　上の休みがあることを指します。

## よく言われる理由は、理由になっていない

　なぜ、日本はこんなにも「長時間労働」から抜け出せないのでしょうか？
もっともらしい理由を上げて、その正誤を検証していきます。

　まずすでに書いた「階段を上るキャリアだから」という理由。がしかし、
同じ階段を上る欧州のエリートたちよりも、日本の正社員の労働時間は年間
300〜400時間も長い。これでは説明になっていませんよね。

　二つ目の理由もすでに書いたことですが、日本では「通常期には残業をし
て、仕事が減る不況期に残業をなくす」という形で雇用維持をしていること。
普段から残業ゼロなら不況時には解雇せざるを得ないので、そうしないため
の「クッション」にしているという説。

　確かに、オイルショックとバブル崩壊期には、工場稼働率の低下から週休
が増えて労働時間削減が成り立ちました。がここ30年間は金融不況やITバ
ブル崩壊、リーマンショックなどありましたが、それでも、おおむね2000
時間±30時間の範囲で推移し続けており、それほど大きな調整材料にはなっ
ておりません。工場などでは不況で稼働率が下がれば労働時間も減少するで

しょうが、ホワイトカラーの場合、そうした相関は少ないことなどがその原因でしょう。むしろ不況になると、販売戦略を練り直したり、コストカットの努力をしたりして、逆に労働時間が延びたりするものです。つまり、「雇用維持のために残業が調整弁になっている」という説も現代ではあまり正鵠を射ているとは言えません。

　続いて、これもすでに書いたことですが、「日本は年収に占めるボーナスの割合が高いため、月給が低く抑えられ、結果、時給も安くなる。だから残業割増額も小さくて済む」という理由。時間給が安く、さらに残業割増率が諸外国と比べて比較的低い25％であることが相まって、「残業させても大してコストはかからない」ために残業が減らないと言われます。ただ「残業をさせても悪くはない」という消極的な理由であって、積極的に残業をさせることの説明にはなっていません。

　その他によく言われることとしては、「生産性の低さ」があります。欧米ほど合理的な仕事の進め方をしていないために、労働時間が長くなってしまうという話ですね。

　欧州の労働状況など見ると、おしゃべりをしながらパソコンのキーボードを打っていたり、ドーナツをくわえて会議の議事録をとっていたり、スーパーのレジ打ちの人など携帯電話を片手に袋詰めをしていたりします。そんな「非生産的」な仕事の進め方なのに、なぜ、日本よりも生産性が上がるのでしょうか？　全く、腑に落ちないことばかりですね。次節はこのあたりの残業と生産性の真相に迫ってみたいと思います。

帰宅を阻む「二神教」社会

(写真：123RF)

> 2019年の労働基準法改正は、時間外労働に上限を設けるなどして
> 日本の長時間労働の是正を図った。これは一定の効力を発揮した
> ものの、今もなおサービス残業などが続いている。その背景には
> 法律を超えた二人の「神」の存在がある。

　前節に続いて長時間労働の問題を考えます。一体どうして日本は長時間労働の泥沼から抜けられないのでしょうか？　ここからは二つ目の「ブラック労働」問題への考察にもなります。

　「法律や政策の問題だ」と主張する人を時折見かけます。インターバル規制（退社からその翌日の出社までに一定の時間を空けること）の導入などに

**103**

ついては2010年ごろから騒がれています。

　こうした法規制は「ないよりはあった方がよい」と私も思ってはいます。ただ、それだけで過去から連綿と続く慣習を変えられるとは思っていません。

## 2019年の労働基準法改正はまさに時宜を得た改革

　2019年に労働基準法の改正がなんと70年ぶりに行われました。

　これは、時期的に絶好だったと言えるでしょう。法律や政策誘導は、社会が変化し始めた時期に、それを先導するように実施すると奏功するのですが、機が熟していない時点では単なる空念仏に終わってしまうことが多いものです。2019年はまさにその変化の胎動期だったと言えるでしょう。

　2012年に『ブラック企業〜日本を食いつぶす妖怪〜』（今野晴貴著、文春新書）がベストセラーとなり、翌13年には「ブラック企業」という言葉が流行語大賞にノミネートまでされています。そうした反ブラック企業の機運が高まる中で、2015年末、電通に勤務していた高橋まつりさんが長時間労働などを苦に自殺し、翌年には国会でこの問題が取り上げられました。

　世間がブラック企業に厳しくなってきた背景には、少子化による労働力不足から、社会が女性労働力を欲し、そのことにより「男は外で働き、女は家で」という性別役割分担を肯定する価値観が崩れたことも一因と言えるでしょう。男社会の荒っぽいやり方がだんだん許されなくなり、男女共同参画型に近づくに従い、「長時間労働」は「家事・育児・介護は誰がやるの？」問題につながって、是正圧力が強まりました。こうした流れの中で、ブラック企業・ブラック労働がようやく問題視されたのでしょう。まさに機が熟した段階で、2019年の労働基準法改正と相成ったわけです。

　それまで日本の法律には「月間労働時間の上限」がありませんでした。36協定（労働基準法36条に設けた労働時間制限を緩和するための労使協定）を結べば、青天井に働かせることが可能だったのです。そこに絶対的な規制が入りました。その際のことの進め方もうまかったと言えます。

　まず「超過勤務の上限100時間」という文言にスポットライトが当たりました。「こんな上限では規制にならない」と野党やマスコミが騒ぎます。経

営側からすると「ああ、そんなに長いのなら大丈夫だろう」と心が緩みもしたでしょう。ところがふたを開けてみると、1年のうちの半分（6カ月）は上限が45時間であり、また、残りの6カ月についても「どの2カ月をとっても平均が80時間を超えてはいけない」という付則がついていました。このルールを守ると残業100時間上限に達することは年に3カ月程度にとどまります。意図してこの流れを作ったのだとしたら、厚労官僚の深謀遠慮に拍手せずにはおれません。

そして同時に、インターバル規制も努力義務として加わりました。振り返ると、誠に時宜を得た大改正だったわけです。

## 「付き合い残業」は都市伝説

ただ、それはあくまでも、最高の時期に水路を作ったということであり、そこに水が流れるかどうかは別問題だと私は考えます。例えば、労働基準法37条1項では「超過勤務に対して割増手当を支払わねばならない」と厳然と決めてあるわけです。これを破ることはすなわち法律違反の犯罪ですね。にもかかわらずサービス残業は後を絶ちません。つまり、「水路は作ったが、水は流れていない」状態というものが眼前にあるわけです。

政治家は得てして水路を作ることに熱心ですが、「どうして水が流れないのか」を解決する方が実務上は大切です。そこを押さえておかねばならないでしょう。

日本人は一体どうして長時間労働をしているのでしょうか。よく言われるのは、以下のような話です。

● 長い会議
● 上司へのお付き合い残業
● 評価を上げるための「要らない仕事作り」
● 生活費を稼ぐための不要な残業

ただ、実際に働く人にアンケートを取ると、こうした理由は上位には入り

ません。

- 人手が足りない
- 仕事が多すぎる
- 突発的に仕事が発生する

などが残業の主たる理由となります。

　数年前、BSフジの『プライムニュース』というテレビ番組で長時間労働について特集が組まれたときに、いつものごとく「会議やお付き合い残業」の話が出ました。私もその番組に出ていたのですが、視聴者からは怒りのメールやファックスが多々寄せられたのです。

　「仕事が多くて終わらないんだ。"会議だ""お付き合いだ""顔色窺いだ"

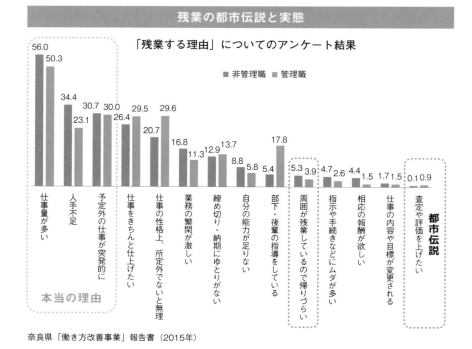

残業の都市伝説と実態

「残業する理由」についてのアンケート結果

■ 非管理職　■ 管理職

| | 56.0 | 50.3 |
| 仕事量が多い | | |

56.0 50.3 34.4 23.1 30.7 30.0 26.4 29.5 20.7 29.6 16.8 11.3 12.9 13.7 8.8 5.8 5.4 17.8 5.3 3.9 4.7 2.6 4.4 1.5 1.7 1.5 0.1 0.9

仕事量が多い
人手不足
予定外の仕事が突発的に

仕事をきちんと仕上げたい
仕事の性格上、所定外でないと無理
業務の繁閑が激しい
締め切り・納期にゆとりがない
自分の能力が足りない
部下・後輩の指導をしている

周囲が残業しているので帰りづらい
指示や手続きなどにムダが多い
相応の報酬が欲しい
仕事の内容や目標が変更される

査定や評価を上げたい

**本当の理由**

**都市伝説**

奈良県「働き方改善事業」報告書（2015年）

と的外れな話を気楽にするな」という内容です。

そう、確かにごもっとも。仕事が多すぎるから帰れないのが本当の理由でしょう。ではなぜ、そんなにも仕事が多いのでしょうか??　これも、働く人の声によく表れています。

● 顧客からの要望
● 上司からの要望

私は日本の労働現場には「二人の神様がいる」とよく話します。一人はお客様。そしてもう一人は上司です。この「二神教社会」で働いているからこそ、日本人は家に帰れないのです。

## お客様とは対等な関係の欧州

前章でも書きましたが、欧州の場合、定時になったら銀行も役所も、お客様が並んでいても「時間だから」と平気で窓口を閉めます。日本でそんなことができるでしょうか?

欧州旅行でさんざんな目にあった人の話は枚挙にいとまがありません。「観光バスが渋滞で遅れたので、行くはずだった予定地を外された」とか「滞在時間が1時間だったはずなのに5分しかいないうちに次へと移動を急かされた」とか。お客様ファーストではなく、働く側の都合がまかり通るのです。

私も、パリにて乗車した地下鉄で事故があったとき、次の駅で降ろされ、代替チケットはもらえず、道案内さえ出ていなかったことがありました。それでも乗客は何一つ文句を言いません。日本なら、チケットの払い戻し、代替チケットの受け渡し、別の交通機関の紹介、遅延証明書の発行などを行い、そのうえ平身低頭するのが駅員の常でしょう。にもかかわらず、日本の乗客は彼らに罵声を浴びせて悪態をついたりするのです。真逆ではないですか?　つまり、欧州では「お客様は神様」という考えは薄く、顧客とはあくまでも、金銭とサービスを交換する契約関係でしかありません。

同じように、業績の悪い支店で上司が「これから会議をするぞ」となった

とき、日本人はそれを拒否できるでしょうか？　欧州なら「戦略を考えるのは上司の仕事でしょ」と言われて、当たり前のように拒否されるでしょう。同様に、役員会資料などを作ったときに「あ、ここのところ、言い忘れたことがあるから、書き直しといて」と上司に指示されたら。これも欧米なら「あなたの指示ミスですよね？」となるはずです。いや、それ以前に、日本のように字句・修辞の好みなどで文章を何度も修正させられたりもしないでしょう。

　こんな感じで、日本の職場環境にはお客と上司という二人の神様がいることは誰もが納得してもらえると思います。

## いい加減な方が、生産性は高くなる

　ここまでの話は、上司とお客様が「直接的な」神様になっているので、まだ話が分かりやすいでしょう。もっと複雑になると、以下のような現象が生まれます。

　例えば日本人は極端に不良品を嫌います。欧米の場合は、そこまでうるさくはなく、その代わり、返品交換が簡単にできるようになっています。ここにも「お客様は神様」という概念の差があるのでしょう。結果、どのような社会的無駄が起きるか。

　仮に、100個に1個不良品があってもいい社会（欧米）と、1000個に1個でないと許さない社会（日本）という対比で考えてみましょう。1％の不良率が許されるなら生産は非常に簡単です。検品なども短時間で済むので、さっさと仕事を終えて帰宅できるでしょう。

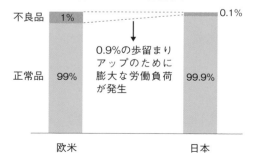

**不良品を減らそうとするほど生産性が低下**

不良品は許されない vs 返品すればいい

不良品　1%　　　　　　　0.1%

0.9%の歩留まり
アップのために
膨大な労働負荷
が発生

正常品　99%　　　99.9%

欧米　　　　　日本

　ところが1000個に1個しか許されなくなると、作業中は気を抜けないし、検品も念入りになる。そして不良品の除去と修繕作業が重なる。労働時間はすぐ1割や2割延びてしまいます。その結果、生産はどれくらい伸びたか。100個生産したとき、欧米は99個の歩留まりで、日本は99.9個。つまり、0.9個生産が増えただけなのです。労働時間が1～2割延びても、生産は0.9%しか増えないということになる――。

　お分かりですか？　お客様に迷惑をかけてはならない、という信条を突き詰めていくと、労働時間は延び、労働生産性が悪くなるということが。

## 売上も増えないのに毎年数十種類の新商品を開発

　同様の話は枚挙にいとまがありません。これは国際物流大手のDHLの上席者と、大手医薬品メーカーのサノフィの人事担当者とが、私の雑誌で鼎談をしたときのエピソードです。

　サノフィの方が「欧米だと箱の中の薬がはみ出たりしていたらクレームにはなるが、外箱が多少へこんでいても文句を言う顧客はいない。日本は厳し過ぎる」と語ったのです。

　それを受けたDHLの方は「いやいや、日本だと配送用の段ボールがへこんだだけで文句を言われる。だから要注意で配送を行うときは、『ジャパニーズ・グレードで送れ』と言ったりします」と答えていました。こんなにも顧客本位で非生産的な「配慮」を日本人はしているのです。

　またP&Gやネスレの方たちと話していて気付いたことですが、日本はあまりにもスナック類の商品寿命が短い。ポテトチップスなどはそれこそ週替わりで新商品が出ているのはご存知ですか？　オレンジマーマレード味、韓国ノリ味、トムヤムクン味…。大手スナックメーカーであれば、ポテトチップスだけで年間数十の新商品を開発しているでしょう。ただ、売り上げは全く増えていません。しかも、翌年のラインナップに残る確率は1割もない…。日本は、卸業者や量販店チェーンの要望に従い、季節商品を湯水のように作っているのです。

　一方、海外だと、プリングルズでもキットカットでも、商品ラインナップ

**109**

は何十年も変わらず、たった数種類です。いくら新商品を作っても売り上げなど増えないから無駄なことはやらない。

　果ては農業にまで同じことが言えるでしょう。日本は曲がったキュウリや、へこみのあるトマトは市場に出回りません。味や鮮度に

不必要な廃棄ロス

曲がったきゅうり

外箱の破損した製品

欧米では問題ないものが、日本では廃棄

問題なくとも、ですよ。欧米はそんなことはおかまいなしにお店の棚に並べられます。結果日本の農家は、曲がらないよう、傷やへこみができないよう、収穫品を選別し丁寧に梱包するため農作業時間が増していく…。

　つまり、顧客の要望に真面目に向き合えば向き合うほど、生産性は下がるのです。日本なら顧客から「明日までにお願いします」と言われれば、それに従うしかない。こうした無理難題を会社や上司が引き受けてきたとき、それを部下は断ることができない。それで部下が長時間残業をすることになったとしても、前述した通り、そもそも日本の超過勤務手当はとても低い水準に抑えられる仕組みになっており、しかも、その安い手当さえも払わない（＝サービス残業）企業も少なくありません。だから、「顧客本位」で「上司」が命じた残業が減らないのです。

　この「二神教」構造について、次節でさらに深く考えることにいたしましょう。

# 時短とはすなわち
# 日本型雇用システムとの闘い

> 「お客様」と「上司」に阻まれて時短が進まない日本の職場。欧米
> には無茶な要求を押し付ける顧客や、それをそのまま引き受けて部
> 下に押し付ける上司が生まれるのを防ぐ仕組みが存在している。た
> だしそれを日本に取り入れるには、様々な障害が立ちはだかる。

　前節では、日本が先進国の中でも労働時間が長く、生産性が低い問題について考えました。それは、「お客様」と「上司」という二人の神様が職場で幅を利かせていることが根源にあり、それがひいてはブラック問題にもつながっているのです。

　お客様の無茶な要望も真摯に受け止め、それを社に持ち帰り、上司は部下にやれ！と厳命する。結果、時間生産性を無視して労働を続けることになる。

　このメカニズム、実はすべて「日本的な雇用環境」により成り立っています。

## 階段を上るチャンスがある分、文句も言えない

　まず、何度も書いたように、日本の超過勤務手当は割増額が低く抑えられるような仕組みに以下の理由でなっています。

① 年収に占める賞与割合が大きいため、月収が抑えられる。月収から割り返す時間給も当然、低く抑えられる
② 残業割増率が25%であり、先進国の中では低い部類に入る

　結果、残業にかかるコストが少ないために、企業はそれを忌避しない構造

になるのです。

　もう一つの理由が、日本では「誰でも階段を上る」キャリア構造があるために、部下は上司に「No」と言えない関係ができていることです。欧州のように、末端労働者は「決められた仕事を決められた給与で一生行う」型のキャリアであれば、上司の評価などどうでもよくなり、自己中心の就労拒否なども容易に行えるでしょう。ところが日本の場合は、上司の覚えめでたければ、階段を上って昇進昇給ができる。昨今では課長になれない人も数多く出ていますが、それでも、職能等級は2～3上がって、初任給の倍以上の給与はもらえます。だから、「ここは我慢しておこう」となってしまうのでしょう。

## 欧州はなぜお客様にNoと言えるのか？

　では、上司や会社はなぜ、顧客の無理に「No」と言わないのでしょうか？
　その理由には、すでに書いた「残業代の安さ」と「Noと言わない部下がいる」に加えて、もっと大きな理由があります。
　顧客の無理な要望に「できません」と言ってしまったら、顧客は他社に契約を変えて自社を切る。そうした不安があるからです。ただ、この点については、疑問も生まれてきます。「要望を断れば顧客は他社に逃げる」というのはビジネス界の鉄則であり、なにも日本だけのことではないはず。

> **Q15** 欧米だとどうして、無理な要望を断ることができるのでしょうか？

　そう、ここがもう一つの大きなポイントなのです。
　顧客が無理を言った場合、日本は従業員に無理をさせてそれを何とか成し

遂げます。欧米では、従業員に無理をさせることができません。だから、会社がNoという。なぜ、欧米では従業員に無理をさせられないか。それは、多重に労働者を守る仕組みが社会の中にでき上がっているからなのです。

　まず、分かりやすい欧州の話から書いていくことにします。

　欧州の場合、労働組合の形が日本と全く異なります。労働組合については、後の節で詳しく説明しますが、後々の理解を早くするためにもここでざっと学んでしまいましょう。

　欧州の組合は、社内にあるものでなく、会社横断で社外に広くつながっているものです。それも職業別（もしくは産業別）などに分かれています。例えば、営業の組合、エンジニアの組合、製造スタッフの組合、販売員の組合などです。営業の組合に属する人は、競合他社の営業と一緒に同じ組合に入っ

「神様」に従順な日本、言い返せる欧州

明日までに　ハイ　　徹夜で　ハイ

お客様は神様　　　上司は神様　　　サービス残業で帳尻合わせ

明日までに　追加料金ください　　サービス残業して　訴えますよ

オーダーはすべて契約ベース　　横断組合が監視

113

ているのですね。その組合が、各企業の経営者代表と交渉して、賃金や労働時間、休日などを決定します。

　ということは、例えば給与を上げるときも全企業が足並みをそろえることになりますし、労働時間管理も競合他社と横並びです。そして、組合が広く労働者と経営者の関係を見守っている。これではとても、抜け駆けなどできないでしょう？

　「うちはやります」と無理な注文を引き受けてきたとしても、会社としては違法残業はさせられません。とすると、新たに夜間スタッフを雇って、さらに深夜割増料金を支払って業務遂行しなければならない。それは「とんでもない料金加算」が必要になるでしょう。どの競合に頼んでも、ほぼ同じ「べらぼうな料金加算」が見積もりとして上がるから、顧客も「ならいいです」と無茶を言わなくなるのです。


## 15年かけて法改正、だが二神教には手つかず

　ここまでを整理すると、日本では以下二つの大きな理由があるため、時短や賃上げの流れができないと考えられます。

① 日本型雇用と社会慣習が相まった一筋縄ではいかない問題
② 労働者を守る体制の不全

　どちらも一朝一夕に変えられないものであるにもかかわらず、ここでもしょっちゅう「付け焼き刃」の対症療法のみが語られてきたと言えるでしょう。

　振り返ると、ここ20年ほどで、法制面は格段の進歩を見せました。小泉政権時に始まった「今後の労働時間制度に関する研究会」であらかたの問題点は洗い出され、①労働時間上限、②労働日数上限、③有給休暇の時季指定権変更（企業が決める）、④代償休日（超過残業に対する代休）、⑤深夜・休日・超過残業割増、⑥勤務間インターバルなどについて、改善策が示されました。その指針に従い、まず④⑤が2009年に、その他の①③⑥については

2018年に労働基準法改正に盛り込まれています。(②についても、高度プロフェッショナル制度に限定されますが、2019年の改正で規定が初めて盛り込まれました)。前節で書いたように、まさにこの法改正は機が熟したときにドンピシャで行われたのです。

　ただ、それでもこうした法的な保護が順守されるかどうかはやはり別問題と言えるでしょう。再度言いますが、労基法37条で厳に規定されている残業代さえ払わない企業があり、「お客様は神様」で「上司も神様」が担保される雇用構造なのだから…。

## 米国でブラック企業が生まれない理由

　さあ、新たにできた法的な保護を企業がしっかり順守してもらう体制はどのようにしたら作れるでしょうか?

　欧州型の企業横断型組合を今さら作り上げるのは実現性に乏しいと考えます。欧州のそれは、12世紀に源流を発するギルド(職人組合)があり、そこから紆余曲折を経て錬磨された仕組みです。同じ欧州でもギルドのなかったロシアではこの仕組みは成立せず、アメリカやオーストラリアなどの新大陸でも、欧州ほど強固なものには育っていません。

　では、それ以外に、労働者をしっかり保護する仕組みは何があるか?

　一案としては、労働基準監督署の強化ですが、労働基準監督官は資格試験により採用されるスペシャリストであり、こちらも一朝一夕には増員することができません。昨今では、基準緩和で合格者を過去の倍以上に増やしていますが、今度は、合格しても実際に任官を希望しない人が増えて、やはり拡充はなかなか進みません。定年再雇用者を65歳で再々雇用することなども一案でしょうが、一方で、増える技能実習生や外国人就労者向けの監督など業務も増大しています。この点でも、今の状況を改善することはなかなか難しいでしょう。

　一つ参考になるのは、米国型の取り締まりスタイルです。

**Q16** 労働者保護の仕組みが日本以上に脆弱なアメリカ社会で、なぜ、ブラック労働がはびこらないのでしょうか。

それは、「訴訟により解決が進む」ような法規制がなされているからです。

例えば割増賃金の支払いに関して違反があった場合、アメリカの法律では、「1万ドル以下の罰金」と「未払い金＋同額の附加賠償金」の支払いが命じられます。倍返し＋最大1万ドルという大きな額となりますね。しかも、集団訴訟が非常に簡単です。労働長官が「同じ立場にある」ということを認めるだけで、全員が補償の対象となるのです。さらに、再度違反をした場合には、また「最大1万ドルの罰金」が上乗せされます。

こんな取り締まりがあれば、企業はとても怖くて違法残業などさせられなくなっていく…。横断組合も労働基準監督官も不要で簡単に違反撲滅ができそうです。これは社会的コストが非常に安く済むように一見思えますね。

ただし、ことはそう簡単にはいかないのです。

こんな形の社会になると、労働者は「違反があれば訴訟をしてやろう」と虎視眈々と経営を見るようになり、対して企業は言いがかりをつけられないよう、用心棒的に弁護士を重用するようになる。こんな敵対関係だと直接費用（弁護士費用）、間接費用（労働サボタージュ）が膨らんでいく…。結局、安上がりな社会システムなどはないのでしょう。

一方で日本型の「お客様」と「上司」の二神教社会は、けっこう心地よかったりもします。一杯380円の安い牛丼屋に入っても温かいお茶か冷たいお水かしっかり聞かれるサービスを受け、銀行でも役所でも業務終了時間ギリギリに並んでもきちんと対応してもらえる…。さらに言えば、こんな無駄な仕事を多々やるおかげで、人手不足が蔓延するから、失業率も先進国としては低く抑えられる。

ここでも、労働環境とは「ある面取ればある面失う」というトレードオフ

## 米国労働法は企業の問題行動にペナルティを課しやすい

|  | 違反罰則 | 監督機関 | 指導・改善の詳細 |
|---|---|---|---|
| 米国 | ア　故意に違反した場合（40時間を超えて労働させた場合において割増賃金を支払わなかった場合）、1万ドル以下の罰金又は6カ月以下の禁固に処せられる | 連邦労働省賃金・労働時間局 | 被用者及び労働長官は当該被用者と「同様の立場にある他の被用者」のために訴訟を提起可 |
| | イ　再度又は故意の違反に対して、労働長官は、民事・刑事の責任に加えて、1万ドル以下の民事罰を科すことができる（公正労働基準法第16条（e）） | | 使用者は、未払額に加えてそれと同額の付加賠償金を被用者に支払わなければならない（公正労働基準法第16条（b）） |
| | | | 労働長官は、割増賃金規制等に係る将来の違反を差し止めるための訴訟を裁判所に提起できる（公正労働基準法第17条） |
| 英国 | 法定労働時間、深夜労働及び代償休息についての違反は犯罪を構成する（規則第28条、第29条） | 安全衛生執行局または地方行政機関 | 休息・休日、年次有給休暇の権利が侵害された場合には、雇用審判所に対する救済の申し立て |
| | 規則上の権利を侵害された労働者は、権利行使が許されるべきであった日から3カ月以内に、補償裁定を求めて雇用に救済を申し立てることができる（規則第30条） | | 斡旋・調停・仲裁委員会に対する調停手続の依頼 |
| ドイツ | 法定労働時間を超えて労働させた場合、1万5000ユーロ以下の過料が科される（法第22条） | 州の労働保護監督官 | |
| | 小売業において、法定の営業時間を超えて労働させた場合には、2500ユーロ以下の過料が科される（閉店法第24条第2項） | | |
| | 当該行為を故意によって行い、それによって労働者の健康又は労働能力に危険を及ぼした場合等には、1年以下の自由刑又は180日数罰金以下の罰金が科される（法第23条、閉店法25条） | | |
| フランス | 法定労働時間を超えて労働させた場合、第4種違警罪としての罰金が適用される | 労働監督官 | |
| | 民事訴訟（労働審判所による裁判） | | |

▶ 合理的な罰金額、集団訴訟体制、労働長官によるみなし認定、一罰百戒が自ずと進むような法体系

**117**

関係にあるもので、一筋縄ではいかない、という定石を深く心に刻んでほしい、という結論になってしまいそうです。

## 階段を下りれば「上司」神から解放される

結局、欧州型の横断組合や、アメリカ的な訴訟社会などは一朝一夕に作れるものではありません。

とすると、ライバル企業の抜け駆けは怖いから、「お客様は神様」を崩すことは相当難しいでしょう。ただ、一方で「上司は神様」は日本型雇用の「誰もが階段を上る」仕組みに裏打ちされたものです。ここさえチューニングしてしまえば、「上司の言うことなど知ったことか」という方向に持っていけるはずです。

そのためには何をすべきか。

それは、「どこかで階段を下りて、自由に生きる」コースを作ることでしょう。

この話は、後半の陰の主役です。これから先、何度も登場するアイテムなので、まずはここでは、予告編くらいにとどめておきます。

# 非正規雇用とは
# 「過去の日本型」の安全弁

> 日本型雇用の二つ目の問題は「非正規雇用」。日本の非正規雇用
> 労働者は、国際的に見て労働時間が長い一方で報酬が著しく低い。
> その理由は「お父さんの雇用を守る」ためだった。

　この節から、日本型雇用が生み出す三つ目の問題＝非正規雇用について考えます。この問題が、日本型雇用にどう結びついているのかを、構造的に説明していくことにしましょう。

## 「誰もが階段を上れる」裏には非正規の低待遇があった

　1章の66頁で示したフランス人の年収カーブの図表を次頁に再掲しておきます。

　図表中にある製造・資格労働者などには、工員・販売員・事務員などが含まれます。日本だとこうした職務が非正規雇用の主領域となっています。そこで、両者を比較してみましょう。

　フランスの製造・資格労働者は年収300万〜350万円程度、一方、日本の非正規労働者（フルタイマー）は年収250万〜300万円であり、フランスの無資格労働者と比べてもまだ低い状況です。日本の非正規労働者でパートタイマーとなると（フルタイム換算の年収で）、それよりもさらに50万円以上も低い年収となります。

　しかも、フランスの労働者はフルタイムでも年間労働は1500時間程度。対して日本のそれは1900時間程度。労働時間が400時間も長いのに、年収はかなり下なのです。時給で比べると、フランスは日本の1.5倍以上もらっていることになるのが分かるでしょう。

**119**

さらに、フランスではこうした仕事も正社員（＝無期雇用）で、契約期間が終わったらサヨウナラと言われることもなく、有給休暇も100％消化、長い夏休みがあり、しかも残業もほぼないという環境。こうしたことを考えていくと、日本の非正規雇用の待遇が良くないことは間違いありません。逆にいうと、低待遇の非正規雇用者が総雇用者の3割以上も占めているため、日本の正社員は「全員が階段を上る」キャリアを描けるということでもあるのです。

　とすると、私たちがこれからの雇用や人事を考えるならば、この「非正規の低待遇」問題は避けて通れないことだと言えるでしょう。

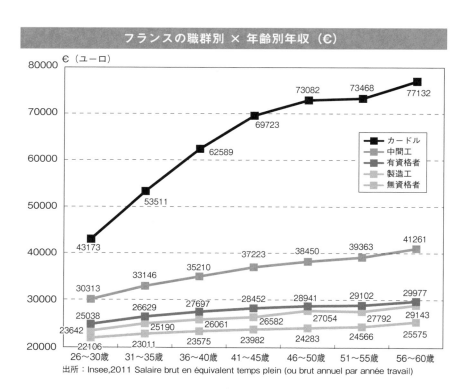

フランスの職群別 × 年齢別年収（€）

€（ユーロ）

凡例：
- カードル
- 中間工
- 有資格者
- 製造工
- 無資格者

出所：Insee,2011 Salaire brut en équivalent temps plein (ou brut annuel par année travail)

# 「お父さんの雇用を守るために」非正規は身を引いた!?

ではなぜ、非正規雇用にはここまでの低待遇が許されてきたのでしょうか。

 **Q17** 非正規社員の人たちはなぜ、低待遇に甘んじてきたのでしょうか?

その理由は、非正規雇用者の内訳を見るとよく分かります。

2100万人を超えた非正規雇用者の内訳で、一番多いのは「主婦」であり、その数は943万人で44.5%を占めます。次に多いのがシニア層(60歳以上)で、

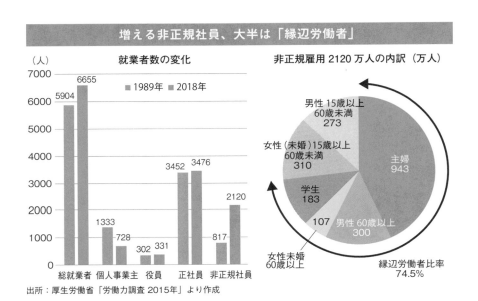

**増える非正規社員、大半は「縁辺労働者」**

就業者数の変化

(人)

■1989年　■2018年

- 総就業者: 5904 / 6655
- 個人事業主: 1333 / 728
- 役員: 302 / 331
- 正社員: 3452 / 3476
- 非正規社員: 817 / 2120

非正規雇用 2120 万人の内訳 (万人)

- 男性 15歳以上 60歳未満 273
- 女性(未婚)15歳以上 60歳未満 310
- 学生 183
- 女性未婚 60歳以上 107
- 男性 60歳以上 300
- 主婦 943
- 縁辺労働者比率 74.5%

出所:厚生労働省「労働力調査 2015年」より作成

**121**

男性と未婚女性で407万人（19.2%）。続いて学生が183万人（8.6%）。この3者（主婦・シニア・学生）を合わせると全体の実に72.3%（1533万人）にもなるのです。

　かつて労働経済用語では、こうした人たちを「縁辺労働者」と呼びました。これは、一家の大黒柱は壮年男性であり、その周辺にいて家計補助的に働く人たち、という意味です。この意味をじっくり考えてみましょう。

　仮に日本全体が不況になったとき、人々はどのようなことを考えるでしょうか？

　たぶん、「一家の大黒柱であるお父さん」のクビは切らないでほしいと、切に願うでしょう。企業としても、大黒柱を切ったら家計が成り立たないから、やはりそれは断行しづらい。とすると、不況で経営に困ったとき、そのツケが回って仕事を失うのは、主婦・シニア・学生となる。ただ、職を失った彼・彼女らとて、「それでお父さんの雇用が守られるならやぶさかではない」と考えます。そうして、失職した縁辺労働者は、景気が良くなるまで求職活動もせずに、家にいる（この状態は求職をしていないので失業者にカウントされません）。そのため、日本では不況期でもあまり失業率が上がらないという、政府にとってはまことに喜ばしい状態が成り立ってきました。

　非正規雇用者＝縁辺労働者という構図は、彼らの賃金が低く抑えられる理由にも結びつきます。大黒柱のお父さんが家計の大部分を担うので、あとは、補助的に少額の賃金を得ればいい。もしくはシニアであれば、年金や貯金でそこそこの生活ができるから、あとは少額の賃金を得ればいい。その分、お父さん（もしくは現役時代の自分）は、しっかりと給料が上がり、末は課長になってほしい…。こうした連関の中で、日本の非正規雇用は低賃金・低待遇が維持されてきたと考えられるでしょう。

　この構造の中で、正社員には長期雇用と「階段を上るキャリア」を用意することができたのです。


## 男子たるもの階段を下りるべからず、という問題

　ただ、時代は変わり、現在では性別役割分担も徐々に薄れ、女性が四年制

大学を卒業して総合職正社員として長く働くことも普通になってきました。一方、非正規雇用は今でも縁辺労働者が主流ではありますが、それでも15〜60歳の学生ではない男性が12.9％も存在しています。かつてのテーゼが崩れ出しているのが分かるでしょう。

「女性は家にいて家事・育児」という呪縛から解放されなければいけないのと同様に、「男子である限り一家の大黒柱」という考えも捨て去る時期に差し掛かっています。欧米ではそれが普通であり、年収300万〜500万円で「夫婦で働き、夫婦で家事育児」という人が多々います。

確かに日本の「誰でも階段を上れる社会」は素晴らしい反面、「誰でも階段を上らねばならない社会」でもあるため、とても窮屈さがあることは否めません。男女区別なく「上りたい人は上り」「楽をしたい人は楽をする」という多様性のある社会に変革していくことが必要でしょう。

現在だと、階段を上ることを諦めたとたん、非正規雇用で低賃金・雇用不安と、まさに板子一枚下は地獄、といった状態です。最低でも安定的に年収300万円は稼げ、その上、ワーク・ライフ・バランスは充実している、というコースを用意するにはどうしたらよいでしょうか。それを考えていくことにしましょう。

## 長期間、非正規の従業員を雇う理由とは？

さあ、のっけから質問です。

Q18　なぜ企業には「非正規雇用」が必要だと思いますか？

その答えは次のようになるのではないでしょうか。

① 繁閑差があり、常時雇用できない

② 試験的な事業のため、永続するかどうか分からない

③ 仕事ができるかどうか分からない人をいきなり本採用できない

④ 不況になったとき、人員調整できる要員が必要

⑤ 判断が必要ない（もしくは熟練が不要な）軽微な仕事だから

⑥ 正社員にするには人物・能力要件的に足りない点がある

⑦ 給与を安く抑えたい

⑧ 教育投資や将来的な育成など手間をかけたくないから

　しかし、このどれもが、実は非正規雇用を長期間、続ける理由にはならないことにお気づきですか？

　まず①なら繁忙期しか非正規雇用は発生しません。閑散期には契約終了となるはずです。②も同様で試験的（もしくは時限的）事業であれば、それが終わった時点で契約終了になるでしょう。③も同じです。ある程度、本人の能力・人物が見えた時点で、本採用にするか、雇用終了とすべきです。

## 不況時の解雇について考える

　④に関しては少し説明が必要ですね。日本の整理解雇には俗に4原則と呼ばれる法理が存在します。この中の解雇回避義務には「有期雇用者の解雇を優先する」ことが謳われています。確かに、雇用終了時期が決められていない無期雇用者はなかなか解雇できなさそうですね。では、こんなことを質問したら、あなたはどう答えますか？

　「有期雇用者が5年勤続の後に無期転換した場合、もう契約終了で解雇することはできません。さて、この無期転換社員と、旧来からの総合職社員は、不況のときどちらが先に整理解雇されることになるでしょうか？」

　どちらも無期雇用ですが、解雇順位が同じになることはない、と私は考えます。それは、ジョブ型社員や職務主義のところで書きましたが、日本は解

雇規制もないのに、裁判をするとなかなか解雇が認められない。その理由は、

「企業が強い人事権を持ち、自由に配置転換できるから」

でしたね。あるポストがなくなったとしても、そのポストで雇われているわけではありません。とすると、ポスト消滅は解雇理由として不適当と見なされるわけです。総合職社員というものは、つまりは無限定で会社が自由に配置転換できる。だから、整理解雇が難しい。

　一方、無期転換したとはいえ、元非正規雇用の人たちは、当初の雇用契約に準ずる形で、地域や職務、つまりポストを限定して雇用されている人が多い。こうした場合は、ほぼジョブ型社員であり、当該ポストが消滅すれば、合理的な解雇理由となる。

　企業が「不況で困った」というとき、たとえ無期雇用でもポストを限定した社員であれば、解雇しやすい。もちろん、いくら解雇に合理性があるとはいえ、アメリカみたいに非情にポンポンとレイオフするわけにはいかないでしょう。欧州のように、以下のような解雇手続きのルールをしっかり作る必要があります。

● 人員削減計画の策定
● 同計画の説明（従業員代表向け）と合意
● 対象者選定ルール（シニオリティなど）
● 回避努力（契約外の職務・地域で生まれた空きポストを優先的に紹介）
● 補償
● 教育訓練（転職に必要な職業能力をつける）

　こうした手続きルールをしっかり決めて、しかも、ポスト限定の「ジョブ型」で雇うことにより、解雇はスムーズに進められます。実際、欧州では会社存続の危機のような大不況ではなく、軽い不況や整理統合でのポスト消滅、機械化などでの生産性向上などでも、整理解雇が認められています。

　長々と書きましたが、ポスト限定のジョブ型社員を雇い、解雇手続きルー

| | 整理解雇に認められる事由 | 回避努力義務 | 手続き | 紛争解決 |
|---|---|---|---|---|
| ドイツ | 原料不足、受注減少、売上不振、合理化、生産方式の変更、事業規模の縮小 | 配転・再教育・労働条件の変更 | 30日前までの労働局届け出と、事業所委員会への通知 | 労働裁判所（州19.地区120） |
| フランス | 経済的困難・新技術の導入に由来する雇用の廃止・変動 | 配転・再教育・労働条件の変更 | 従業員代表との協議・同意 | 労働裁判所（270） |
| 英国 | 事業の縮小・地域の撤退、当該職務への雇用ニーズの縮小（技術向上・合理化等）が起きた、もしくは予想される場合 | | 雇用審判所への届け出 | ACAS（行政機関としての雇用審判所） |

ルを作ることで、整理解雇を行えば、有期雇用社員は不要ということなのです。

　今まではそれをやらず、有期契約者をいつクビになるか分からない状態で延々と雇用し続け、不況が来たら解雇する、というスタイルで対処してきました。ただ、今後は非正規の無期転換がどんどん生まれるから、もう今のままではうまくいきません。本気で「ジョブ型無期転換社員＋解雇手続きルール」へと移行する時期に来ているのです。

## 「正社員は難しい仕事」という変な常識

　⑤⑥⑧を語る人たちは、いよいよ自分の頭が「日本型」に染まりきっているということに気づいてほしいところです。⑤はすなわち「正社員とは難しい仕事をする人」という常識。⑥は「正社員とは人物・能力が優れている」という常識。⑧は「正社員とは大切に育成していくべき」という常識。だから日本人は世界の常識が見えないのです。

　それらはすべて、「階段を上る」という話が前提となっています。そんな人は欧米では、フランスでいうカードルのような「一部エリートの特権」であり、残りの多くの人たちは、「頑張って上ってくれてもいいけど、上れない人はそのままでもいいよ」という扱いなんですよ。

　ジョブ型での採用とは、「当該ポストを埋める」ことが第一であり、その仕事ができれば、20代でも50代でもかまわないわけです。やさしい初歩の仕事をやり続ける50代がいてもいい（というか、向こうの有資格者などはその典型）。やさしい仕事しかしない分、給与は安い（でも日本の非正規よりははるかに高い）。だけど、無期雇用だからむやみにクビになったりはしない。とはいえ、不況で合理性があるときは、しかるべき補償をもらって辞めていく。これが、真実のジョブ型社員と言えるでしょう。

　もう、「やさしい仕事しかしないから正社員にはできない」などという世界の非常識からは脱するべき時期なんですね。

# Section 13 「同一労働同一賃金」の理想と 現実の大きすぎるギャップ

> 非正規雇用の待遇底上げのキーワード「同一労働同一賃金」。この
> 原則に沿えば、正社員と非正規の職務を明確に分離しなければ待遇
> に差をつけることは認められない。日本でも非正規雇用の多い流通・
> サービス業では職務分離のノウハウを持っているのだが…。

　非正規雇用の待遇底上げでよく使われるのが「同一労働同一賃金」という言葉です。

　全く同じ仕事をしているのに、正社員は給与が高く、非正規は安い、などということがあってはならない、という意味で用いられることが多いですね（欧米では少し違う意味合いがあるので、後ほど説明します）。

## まぜるな危険！

　では、必ず同じであるべきかというと、以下のような差異がある場合は、違っていても仕方ないと、最高裁は判決で述べています。

1. 職務内容
2. 責任
3. 配置変更範囲
4. その他の事情

　ただ、1に違いがある場合、「同じ仕事」とは言えないので、これは除外しておきます。

　4は意味が分かりづらいですね。これは、「会社の都合でたまたまその仕

**128**

事をやらねばならない」場合などがこれにあたります。研修時期だとか、欠員者の緊急応援などは分かりやすい例でしょう。

それ以外としては、1章で書いた「ソニーのアメリカ進出」の話など思い出してください。混成ラインを統率できる職長が、新工場に赴任したが、その工場は単線ラインしかなかった。なのでしばらくの間、能力を出し切れず、やさしい仕事をせねばならなかった。ただ、じきに工場を拡大し、混成ラインを組むことになるから、給与ダウンはさせなかったということ。このほかにも、キャリア形成上の1ステップとして赴任した場合なども、「過去の給与の連続性」という観点で、非正規雇用との格差が認められてしかるべきでしょう。

さて、1と2について、復習もかねてもう一度考えてみましょう。

> **Q19** 欧米ではなぜ、同一労働同一賃金問題が起こらないのでしょうか。

この本の中でもう何度も出てきましたね。日本の場合は、ポストと職務、給与が結びついていません。例えばある会社の営業一課の「ヒラ」というポストには、新人、契約社員、リーダー、部下なし管理職など、様々な等級の人が混在し、彼らは職務も給与も異なります。

よく見れば、職務内容は異なっている場合が多い。だから、裁判ではこの点をしっかり見るわけです。ちなみに、2の責任という点も、私としてはそれが異なると、最終的には職務内容にも違いが出るのではないか、と感じています。

一方、欧米の場合は、職能等級などありません。だから、ヒラというポストに多等級の人を押し込んだりなどできはしません。賃金も仕事も、ポストで決まるようになっています。例えば、安い給与で単純な仕事をする人は、次

**129**

頁の図なら「アソシエイト」というポストになります。

責任や職務内容が異なるなら、ポストも異なる。だから分かりやすいのですね。

そして、正社員だろうが非正規だろうが、「アソシエイトのポスト」に就くなら安い給与でしかるべきでしょう。高い給与で処遇したいのであれば上のポスト、例えば、ジュニアやサブリーダーなどに任用することになります。このようにポストと職務・責任をパッケージにしておけば、一目瞭然で分かりやすいでしょう。こうしたポスト＝職務・賃金という明解な体系を作らずに、同一ポストに異なる職能等級の人を混在させることが日本の問題なのです。何度も言いますが、ポスト

というのは本来、職務内容に応じて作るものなのだから、欧米の雇用スタイルの方があるべき姿と言えます。

**欧米ではポストが決まれば賃金も仕事も決まる**

| ポスト | 職務内容（例） |
|---|---|
| アシスタントマネジャー | 原価管理が加わる |
| リーダー | シフト管理が加わる |
| サブリーダー | 後輩指導が加わる |
| ジュニア | トラブル対応が加わる |
| アソシエイト | 単純な販売業務 |

**同じポストに色々な等級が混在する日本**

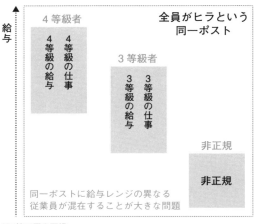

※2節の図を再掲

# 日本でも流通・サービス業では欧米的な人事管理が浸透

　日本でも、非正規雇用者を使い慣れている企業ではこうした職務分離をきちっと行っているケースを見かけます。例えば、下の図は、大手百貨店のケースとなります。

　1年目に売り場に配属されると、半年の試用期間は非正規雇用のパート販売員と同様に、単純な販売業務を任されます。試用期間中は基本給が正規より1割安く、しかも初年度だから賞与も出ないために、時給換算でパートとの格差は2割弱で済むことになります。

　この2割弱の差も「おかしい」と言われないために、いくつかの職責を持たせています。例えば、「売り場の商品をくまなく知る」というミッション。だから、暇さえあれば、彼・彼女らは、商品を試着して、サイズ感・素材感・縫製や色合いなどを、文字通り「体で」覚えていく。こうした職責を担っており、時給換算の賃金差も2割に満たないため、格差問題は生じていません。

　そして、半年経つと彼・彼女らは、ポスト変更される。単なる販売担当ではなくなり、商品管理担当という付加業務が与えられるのです。在庫・欠品管理役として足りない商品を他店と融通し合う役割を担うことになります。このときに、毎日体で覚えた「サイズ感」や「色合い」などが役に立つのです。そして2年目になると売り場責任者としてシフト管理を任され、3年目には副店長になって催事や広告の「場所取り（自店のスペース押さえ）」を担当

## 職務分離の例（百貨店）

### ◆A 百貨店の場合（役割給）

| | | | |
|---|---|---|---|
| 管理職 | 4年目 | 店長 | 付加職務／役割 |
| ヒラ | 3年目 | 副店長 | 催事・広告企画 |
| | 2年目 | 売り場責任者 | 指導・勤怠管理 |
| | 1年目 | 商品管理者 | 在庫・欠品管理 |
| | | 試用期間 | 非正規並み賃金（賞与無・月給1割安） |

**131**

します。

こんな感じで、ポストアップを続けていくのですね。これなら、正社員のみ賞与や月給が上がっていっても、「同じ仕事をしているわけではないから」ときちんと説明責任が果たせます。

こうした欧米的なポスト管理をしている会社はけっこうあるものです。このほかに私が知っているのは、上場している大手回転寿司チェーンも似たようなポストアップの仕組みを持っていました。

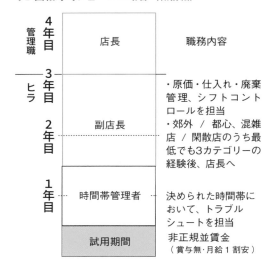

職務分離の例（外食チェーン）

◆B 回転寿司チェーンの場合（職務給）

| | | 職務内容 |
|---|---|---|
| 管理職 | 4年目 店長 | |
| ヒラ | 3年目 | ・原価・仕入れ・廃棄管理、シフトコントロールを担当 |
| | 2年目 副店長 | ・郊外 / 都心、混雑店 / 閑散店のうち最低でも3カテゴリーの経験後、店長へ |
| | 1年目 時間帯管理者 | 決められた時間帯において、トラブルシュートを担当 |
| | 試用期間 | 非正規並賃金（賞与無・月給1割安） |

こうしてポストアップさせながら、正社員と非正規の職務難易度と責任をはっきり違う形に切り分けることを、俗に「垂直分離」と呼びます。

## 垂直分離と水平分離

混在型をやめてポストを上下に区切り、正規と非正規を分ける、というやや欧米的な人事制度とは別にもう一つ、同一労働同一賃金則を順守できる運用方法があります。それは、正社員のみの部門と、非正規のみの部門、という風に分けてしまうものです。例えば、人事・企画・財務・営業のようなホワイトカラー部門は正社員、事務・販売・製造部門は非正規、という分離法です。

次頁の図からも分かるように、こちらは「水平分離」と呼ばれています。

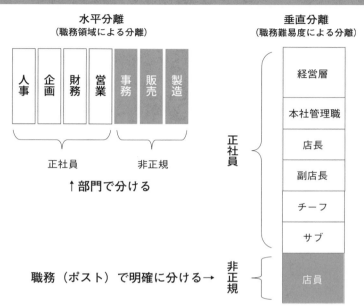

職務の水平分離と垂直分離

**水平分離**
（職務領域による分離）

人事　企画　財務　営業　事務　販売　製造

正社員　　　非正規

↑部門で分ける

職務（ポスト）で明確に分ける→ 非正規

**垂直分離**
（職務難易度による分離）

| 経営層 |
| 本社管理職 |
| 店長 |
| 副店長 |
| チーフ |
| サブ |

正社員

| 店員 |

非正規

## 「同一労働価値同一賃金」という絵空事

さて、ここで一つ、困ったことが起きてしまいます。

水平にしろ垂直にしろ、正社員と非正規を完全に分離してしまうと、非正規の低待遇を問題にすることが非常に難しくなってくるのです。まざった状態で、ほぼ同じ仕事をしているのに、正社員のみ給与が高いならば、「同一労働同一賃金ではないか」と文句も言えるでしょう。対して、正規と非正規の仕事が異なるならば給与が違っても当たり前だから、それは仕方がない、という話になってしまいます。

それでも、あまりにも給与に格差があったらおかしいと思う人はいると思います。

そうした人たちが拠り所にするのが、「同一労働価値同一賃金」という理想論です。これは「たとえ仕事が異なっていても、仕事の価値自体に遜色が

ないなら給与も同じだけもらえるはずだ」という論理ですね。ILO（国際労働機関）が定めた国際労働条約の第100号は同一報酬条約と呼ばれ、この「同一労働価値同一賃金」が謳われております。世界の先進国は基本、この条約を批准しているので、同原則は守られねばならないところでしょう。

　でも、「価値が同じだ」なんてどうやったら証明できますか？　例えばこの問題を考えてみましょう。

**Q20** あなたは今、労働問題に厳しい代議士から、以下のように責められています。「御社の非正規社員の給与は、正社員と比べて不当に安い。同一労働価値同一賃金の原則に反しているはずだ。即刻、待遇改善に努めろ！」

　さて、どのように返答をしますか？

　私なら即座に、こう返すはずです。
　「代議士、あなたは公設第一秘書の3倍近い給与を得ていますね。本当に3倍も価値ある仕事をしているのですか？　それを証明してみてください」
　そう、こうした問題を騒いでいる人たちでさえ、自分の身の回りにある給与格差については何の説明もできないのです。

## 同一労働同一賃金の負の側面が形成する欧州型階級社会

　結局、同一労働価値同一賃金則は形式的なルールを作ることくらいしかありません。例えば、同じ職務をしている場合、待遇に男女差があってはならない（ILOの条約の第100号の原文にはこの話が出ていますが、ただこれは「同一労働同一賃金」の原則ですよね）とか、給与決定の手続きが公正であ

ることとか。その点まあ、欧州の場合は社外まで広く連なる横断組合が各職務の給与を経営と交渉してしっかり決めているので、それなりに納得性は高いとは言えそうです。

ですが、フランスのあの職務別年収カーブを思い出してください。

製造工や有資格者は50代になってもほとんど年収は伸びず、一方、エリート層のカードルは20代のうちから熟練工の倍額以上の年収を手にしています。果たして本当に、そんな若造のエリートが、熟練工の倍以上の価値ある仕事をしているでしょうか？

ここが大きなポイントなんです。

欧州の場合、給与決定メカニズムはそれなりに「公正」な手続きを踏んでいる。ただし結果としては、大きな格差が生まれている。でもそれは「仕事が違うんだから当然でしょ」と言われてしまう。そして、製造工や有資格者は一生ほぼ同じ年収。でも、それも「同じ仕事をしているんだから賃金は変わらなくて当然でしょ」と言われてしまう。

つまり、同一労働同一賃金とは、格差を温存し、労働者を「籠の鳥」に追い込む支配者の論理にもなりうるものなのです。

## 非正規の待遇改善がようやく進み始めた

職務分離が行われて正社員と非正規社員が完全に職務が分かれると、もう、非正規の待遇アップという話は手詰まりになってしまいます。さあ、どうしたらよいでしょう。

ここで出てくるのが「均衡待遇」という言葉です。均等待遇という似た言葉がありますが、こちらは、「同一労働同一賃金」の原則だと思ってください。均衡待遇というのは、「あまりにも差別的な待遇はよくないよ」という概念です。判決ではよく用いられる言葉ですが、この概念に従って休日休暇や福利厚生、教育研修機会などを公平にしろ、という指示が出たりします。これまではそんな細々とした待遇アップが続くしかありませんでした。

それが、昨今少し、雲行きが変わり始めています。

まず、少子高齢化による人手不足から市場で調整が起こっていることで

す。少子化の進展により、産業界は恒常的な人材不足となり、結果、女性が総合職としてどんどん活躍するようになっています。そして難易度の高い仕事を覚えた彼女らを企業は手離さないから、結婚・出産後も勤続する比率が上がっています。かつてのようにいったん仕事を辞めて家に入り、子育てが終わったころ、主婦パートとして働くという人たちが減少しています。

　そうした穴を、直近までは前期高齢者のパートタイマーが埋めていたのですが、2022年以降、ベビーブーム世代が次々と後期高齢者となるため、前期高齢者の数が激減していきます。主婦・高齢者という非正規雇用の2大供給人材が減る中で、待遇条件は否応なく上がるだろう、というのが一つ目の読みです。

　二つ目は労働者派遣法の改正により、派遣社員の時給は、正社員を含めた市場平均給以上にしなければならなくなったこと。この件に関しては、18節の「労働組合」の解説にて詳細に書きます。

# なぜ今、女性活躍が
# 注目されているのか

> 政府は指導的地位に占める女性の割合を30％にする目標の達成年限
> を2020年から2030年に繰り延べした。女性の活躍に尽力した人事
> 担当者には厭戦感も漂うが、女性を巡る雇用の歴史をひも解けば、
> 2030年には課長、部長の女性シェアが3割に届く道筋が見えてくる。

12節でも触れましたが、日本型雇用の大きな問題は「女性の労働参加」です。非正規雇用の圧倒的多数が女性であり、しかもそのまた多くが主婦。就職氷河期に代表されるような「年代差」の問題よりも、性差の方がはるかに大きいという事実が厳然として存在します。

## 「男社会は変わらない」と安易に嘆かないで！

私はこの点について、雇用ジャーナリストとして駆け出しのころから声を大にして言い続けてきました。ただし、一部の扇情的なムーブメントに対しては一線を引いています。

**Q21** 男女平等ランキングの2020年度版が発表されました。そこでは日本は153カ国中、121位となり、2006年の指数発表開始以来、最低の順位になっています。また、「2020年までの指導的地位に占める女性の割合を30％にする」という2030（にいまるさんまる）運動も、2020年7月に「先送り」が決定されました。日本は本当に変われないのですか？

**137**

こうしたことから、「日本の女性活躍は絶望的だ」という論調が広がりつつもあります。

　そして、悪いことに企業なかんずく人事の間には厭戦感が漂い始めました。「社内的にここまで女性活躍に注力しているのにダメなのか…」と。10年以上前から女性活躍を叫び続けてきた私からすると、このあたりの「扇情的なジャーナリズム」に対して、腹が立って仕方がないのです。

　2030運動など、はなからうまくいくわけがないと分かっていました。それがうまくいくもいかないも関係なく、日本社会は急激に女性を受け入れる方向に変化を見せています（もちろんまだまだ足りないことだらけですが）。

　2030運動が安倍内閣時代の「女性活躍推進」で追い風を受け、上場企業に女性役員一人を置く努力義務が叫ばれ出した2013〜2014年当時。私はこの運動を推進していた経産省の坂本里和経済社会政策室室長（当時）や小室淑恵氏（ワーク・ライフバランス代表取締役社長）などとの対談で以下のようなことを明言していました。

　「管理職になるには、相応のキャリアが必要だ。現在（2013年当時）だと、多くの企業で大卒30代前半の女性は数がそれほど多くない。だから2020年には間に合わない。ただし、その数は急激に増えている。本丸は2030年だ」

　こうした私の発言に対しては、「年代関係なく女性を抜擢すればいい」などという話がよく出ました。ただ、それでも無理なのです。なぜなら、課長や部長には、とうの昔にその地位に就いたロートル層が多々います。彼らが役職定年にならない限り、いくら若手管理職で女性の数を増やしても、率は上がらないからです。


## 2010年代は女性活躍の導火線に火が付いた時代

　女性活躍について、早い段階から日本の遅れに気付いて、事例やデータを集めてきた私は、2012年末にその危機感と、変革期に生きる女性のつらさを『女子のキャリア〜〈男社会〉のしくみ、教えます』（ちくまプリマー新書）にしたためました。男性が書いたジェンダー本として、同書は異例とも言える3万部を超えるミニヒット作ともなっています。

　この書の刊行記念で実施した上野千鶴子さんとの対談の結びは、以下のようになっています。

上野　グローバリゼーションの時代に日本企業に三〇年も変化がなかったというのは驚きです。でも、今日は海老原さんの体感変化を信じましょう。企業は少しずつ変化もしているし、何がトクかわかってきている。そうすると、九〇年代に社会に出た女性たちが勤続一〇年を迎えて、あと一〇年持ちこたえるかどうかですね。そこを越えたら、かなり大きな変化が見込めると。
海老原　楽観的ですが（笑）そう思います。

　対談が掲載されたのが2012年11月なので、それと時を置かない時期に、一方で私は「2030運動は無理だ」と語っています。その両者を結んで行き着く私の結論は、「2010年代は女性活躍の導火線に火が付いた時代であり、2020年代にそれは燎原の火のように燃え広がる」ということです。

## 「四大出たら就職ないよ」で「預かりもの」とされた80年代

　日本では、高度成長期から安定成長期、そしてバブル期と、おおよそ戦後の時代は、経済も給与も右肩上がりの状態が続きました。結果、成長に伴う過重労働を人口の半数である男性が引き受けて昼夜を分かたず働き、女性は家で家事育児という性別役割分担が色濃く染みついていきます。当時は、生産年齢人口も厚かったために、人材の半分が「働かずに家にいる」という社会的無駄も許されたのでしょう。
　ただし、この「性別で一生が決まる」という窮屈な社会は、家庭内の至る所に歪みを起こし、山田太一氏（脚本家）のドラマ『岸辺のアルバム』や『想い出づくり。』などでは、当時の主婦・乙女の葛藤が描かれています。

この時代、女性がキャリアを築くことは絶望的に難しく、育休制度さえなかったので、どうやっても「家に追い込まれる」しかありませんでした。それを自発的に選ぶか、渋々受け入れるか、女性は二者択一を迫られ、父母・世間からは、前者となるよう洗脳を強いられてきた、というのが同時代を生きた私の偽らざる心境です。

当時とて、成績優秀な女子高校生は少なくありませんでした。そうした彼女らは親・教師からは、「四大（4年制大学）出たら就職ないよ」という言葉が浴びせられ、多くの女子が短大への道を選ぶことになりました。裕福な家庭の女子や「どうしても四大に行きたい」と願う一部の女子が許されたのは「4年制女子大の家政学部」です。

なぜだと思いますか？

そのころ女子で就職先があったのは、企業の一般職事務員ばかり。だから、経済学部や法学部よりも、短大や四大の家政学部の方が、座りがよかったからに他なりません。こうして事務職員となった女性たちは、結婚までの短い間、OLという名で仕事を許され、その後は寿退社し家に入る、というのが定番でした。なので、彼女らの働き方は「腰掛け」、そして彼女ら自身は企業から「預かりもの」などと呼ばれたものです。

当時の企業には、課に一人、庶務という名の事務職員がいて、そのほか、部長以上には秘書がつくという状態。男の人は雑用などせず、文具も経費精算もチケット手配もすべて「事務職女子」が行い、果てはお茶くみや茶菓子の買い出しとかにまで気を利かせねばならなかったのです。

## 90年代の不況と訴訟による女性総合職の萌芽

　こんなに大量の庶務・事務・秘書が存在しても、彼女らは結婚退職で次々に辞めていく。だからその穴埋めに、短期間に大量の求人が生まれます。その人材を供給する短大は常時、就職率が絶好調でした。

　当時の短大卒就職率を見ると90％近い数字が出ています。これは教育界を知る人から見ると、異常値とも思えるほどの高さなのです。この就職率の分母は卒業した人、分子は就職した人です。卒業者には、花嫁修業、家事手伝い、留学、専門学校への入り直し、資格・語学試験受験組など、就職以外の人を多々含みます。それでいて就職率が9割近いということは、就職希望者についてはほぼ100％望みがかなった状態と言えるでしょう。

　だから女性は、「短大に行きなさい」と言われたのです。

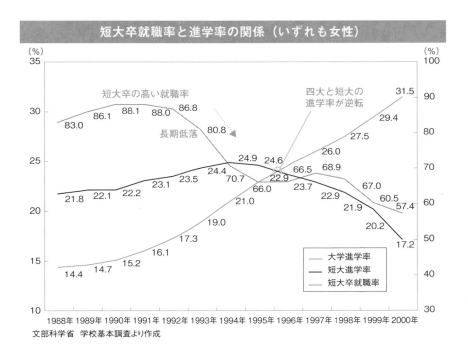

短大卒就職率と進学率の関係（いずれも女性）

文部科学省　学校基本調査より作成

141

90年代に、どうして女性の四大進学率は上がったのですか？

こんな昭和的な女性キャリアが、平成になった途端に異変を来します。バブル経済が崩壊してしまい、そこから長期不況に陥るのです。こうした切羽詰まった状況になると、企業は余剰人員である「事務職」の求人を真っ先に止めます。その後、90年代中盤に少し景気回復した時代に、今度は「均等法裁判」（雇均法に基づく女性事務員の低待遇に対する訴訟）が起きたため、その後の事務員は派遣など「社外の人」になっていく。こうして、女性事務職という新卒求人は減少を続けるのです。

## 高学歴が欲しいなら女性は避けられない…

こんな流れの中で、今度は「短大行ったら就職ないよ」というのが世間の常識となっていきます。この変化を受けて、バブル崩壊から2年後の1995年から女子の短大進学率は下がり出し、一方、四大進学率はこの直前から急上昇し始めます。両者が逆転したのが1996年で、その年の四大への入学者が卒業するのが2000年。つまり、女性の四大卒人材が世に増え出したのは2000年以降なのです。

その後、女性の高学歴化は質量両面で急進展します。2010年には、早慶・旧帝大なども文系に限れば女性の比率が4割近くまで伸びました。こうした社会変動で、企業は新卒総合職募集で女性を採用せざるを得なくなっていくのです。大手企業は、高学歴者を採ろうと思ったら、もはや女性を避けられなくなったのですね。

結果、超大手企業にも女性が総合職としてバンバン入るようになる。その彼女らがやがて、結婚・出産期を迎える。短期間で高回転できる事務職と違

新卒入社の女性比率が高まる

大学新卒入社者に占める女性比率

厚生労働省　雇用動向調査各年次版より作成

い、総合職の場合、辞められると後釜はなかなか育てられません。企業として、女性活躍を否が応でも考えねばならない状況が、2015年前後にやってくると私は読んでいたわけです。

　この時期に安倍政権の女性活躍推進が始まった。今まで何度尻を叩いても動かなかった産業界が、今度ばかりは重い腰を上げた理由はこのあたりにあるのです。

## 変化がすぐ現れる係長、時差を要する部課長

　こうした流れを知って、次頁の図を見ると、見方もずいぶん変わりませんか?

　まず、1980年〜1990年代の女性管理職の絶望的な少なさから、昨今は本当にずいぶん増えた、という事実。なかんずく、係長が急伸し、2017年で

## 143

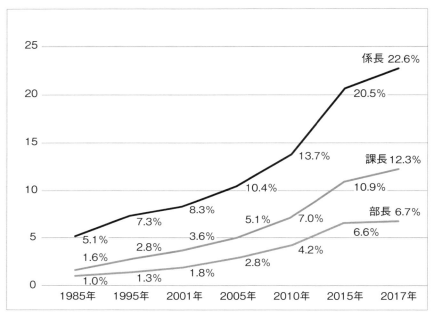

**女性の管理職比率（従業員100名以上の企業）**

厚生労働省　雇用動向調査各年次版より作成

は女性比率が2割を超えました。

　ご存知のように、係長は30代前半が任用適齢期です。2000年代に採用された女性は、すでにこの年齢に達しています。また、係長になった人の多くは、課長などに昇進していくため、滞留者が比較的少ない役職でもあります。だから、女性の登用率が増えれば、すぐにこの役職での女性比率が上がります。

　この急上昇は、これからの変化の胎動を示していると言ってもいいでしょう。

　一方、課長は多くの企業で40歳前後がその任用適齢期となっています。女性総合職のボリュームゾーンが、ようやくこの年齢に差し掛かり始めました。ということは今後、新任課長に占める女性割合は、急速に上昇していく

**144**

でしょう。ただし、課長は55歳の役職定年まで滞留し続ける人が多い。そのため、課長全体での女性比率の上昇はゆっくりであり、2020年代末にようやく3割に近づくのではないでしょうか。

　部長はさらに任用適齢期が上がり、45〜50歳となります。この役職での女性シェアが大いに伸び始めるにはあと5年かかり、それなりのボリュームを占めるのは2030年過ぎとなるでしょう。

　昨今、社会は急激に変わっています。ただ、それは過去の歴史や、その社会的構造をしっかり理解しないと、「小さな変化」としか受け止められません。私は、そんな扇情的な「小さな変化しかない」という批判には距離を置いています。もちろん、社会背景も考えず、実現不可能な目標に対して「できる」と言い募る無責任なムーブメントにも、冷めた視線を送っています。

　さて、この節では変化が続いている女性の活躍についての現状を半ば肯定的に評価しました。次節では、今のままではいけないという点を、キャリアの構造から考えていくことにいたします。

## Section 15

# 「誰もが階段を上る」キャリアが女性の社会進出を拒んでいる

> 2000年以降、企業で働く女性は増え、結婚や出産といったライフイベントを経ても仕事を続けるようになった。一方で男性の育休取得率の低さに代表されるように男性の家事負担はなかなか進まない。誰もが階段を上り続けることを強いられる日本では、夫が昇進を選ぶなら、妻は「マミートラック」に入らざるを得ない。

今回はのっけから問題に入ります。

（写真：123RF）

## Q24

欧米では長期育休を取る男性も多いのに、なぜ日本では少ないのでしょう？

無理

Of course

（写真：123RF）

## 「学び、働き、産む」という過重負担が女性にのしかかる

解答に入る前に、現状をデータで示しておきます。

育休の男女別取得率（正社員）を見てみると、女性が8～9割の高率で推移しているのに対して、男性は地を這うような低さです。昨今急速に数字が伸びたとはいえ、その割合は5％超。しかし実際はそこまでも行っていないと私は見ています。

こうした「男性の育休取得率」はインチキをすれば簡単に上げられるからです。例えば、たった1日か2日育休を取っただけでも、それは「取得率」にカウントされるのです。女性がフルに何カ月も育休を取るのに対して、男性は数日しか取らない。それでも取得率は5％にしかならないというのだから、男女差は歴然としていますね。

男性の育休取得率は地を這うように低い

出所：厚生労働省 雇用均等基本調査

**147**

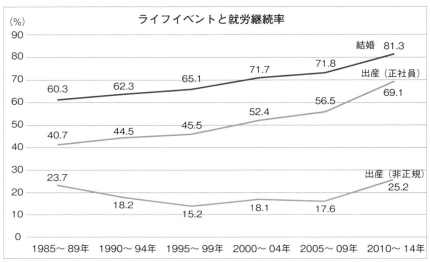

結婚や出産の後も仕事を続けている女性が多い

ライフイベントと就労継続率

(%)

厚生労働省 雇用均等基本調査

　もう一つ、こんなデータも見てください。昨今では正社員であれば女性でも、結婚や出産の後も仕事を続けているということが分かります。

　さらに、前節に掲載した、大手中堅企業の大学新卒入社者に占める女性比率のグラフを見てください。2000年以降、どんどん高まっています。とりわけ、大手中堅企業でその数字はぐんぐん伸び、今ではほぼ男女半々になっているのが分かるでしょう。

　これら3つのデータを合わせると、女性のキャリアは今後どのようになっていくか、分かりますか？

　大学卒業後、男性並みに就職し、結婚でも出産でも辞めない。ただ、育児は女性ばかりの過重負担となる、ということに他なりません。


## 性別役割分担からの脱却は韓国にもはるかに及ばない

　今度は、その過重負担状況を示すデータを見てみましょう。

**148**

　他国の男性は家事全体の30～40%を担っているのに、日本はその半分の15%程度。ただ、この家事時間には「子供と遊ぶ」行為や運動会、学芸会などの学校行事への参加も含まれています。そうした純粋な家事ではない部分を抜くと、男性の家事時間のほとんどは、幼稚園や保育園への送り迎えとたまの力仕事程度になってしまいます。

　まあ、それでも過去はその送り迎えさえもしない男性がほとんどだったので、多少は変わったとは言えますが、本当に女性は前途多難でしょう。

　さて、こうした女性の過重負担の裏にはどのような心理状態があるのでしょうか？　次頁ではその部分をよく表しているデータを見てみましょう。「男の人は外で働き、女の人は家を守るべき」という質問に対する各国の反応を比べたデータです。

　男女とも、YESの割合が日本は突出して高いのが分かりますか？　日本より進んでいると多くの人が考える欧米はまだしも、同じ東洋の儒教国であるお隣の韓国と比べても、日本人の意識は格段に遅れている。それも、男性のみならず、女性までも…。

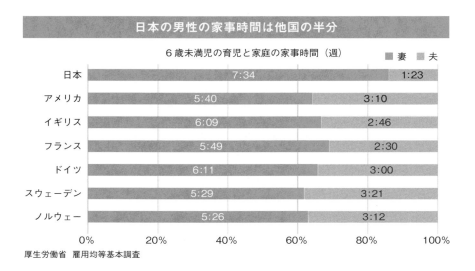

厚生労働省　雇用均等基本調査

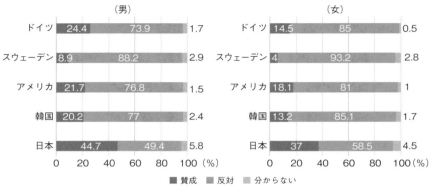

女性にも色濃く残る性別役割の意識

「男の人は外で働き、女の人は家を守るべき」
という質問に対する回答の国際比較

（男）

| | 賛成 | 反対 | 分からない |
|---|---|---|---|
| ドイツ | 24.4 | 73.9 | 1.7 |
| スウェーデン | 8.9 | 88.2 | 2.9 |
| アメリカ | 21.7 | 76.8 | 1.5 |
| 韓国 | 20.2 | 77 | 2.4 |
| 日本 | 44.7 | 49.4 | 5.8 |

（女）

| | 賛成 | 反対 | 分からない |
|---|---|---|---|
| ドイツ | 14.5 | 85 | 0.5 |
| スウェーデン | 4 | 93.2 | 2.8 |
| アメリカ | 18.1 | 81 | 1 |
| 韓国 | 13.2 | 85.1 | 1.7 |
| 日本 | 37 | 58.5 | 4.5 |

厚生労働省 雇用均等基本調査

## 雇用の構造が夫婦の意識にも深く干渉している

　なぜ日本だけこんな時代遅れの状況なのでしょうか。その理由を理解するために、また問題です。

---

**Q25** あなた（男性の場合はあなたの妻）は、以下のどちらの働き方を好みますか？

①夫は年収500万円で頭打ち。一生ヒラで昇進もないが、家事育児はよく手伝ってくれる

②夫は順調に昇進し年収1000万円以上稼ぐ。ただし、家事育児の9割以上は妻が担当する

---

　10年前にセミナーでこの質問をすると会場の答えは②ばかりでした。昨今はそこまでではないにしても、やはりマジョリティは②になるのではないでしょうか。

　その根本に「日本型雇用」の仕組みが厳然として根付いているせいだ、と私は考えています。今まで学んできた欧米と日本の「年収構造の違い」を考えてみましょう。

　欧米の場合、もう何度も書いた通り、年収がぐんぐん上がるエリート層と、ほとんど変わらない年収で一生「同一労働」をする層に二分されます。

　エリートたちの高年収家庭は、夫婦のうち一人が働けば十分家計が賄えるために、どちらかが家事育児に専念できます（女性とは限りません）。または、どちらもエリートでキャリア志向の場合は、夫婦ともに忙しく働き、家庭のことはシッターやハウスキーパーに任せるというスタイルをとるケースも多いでしょう（こうした家庭をシンガポールスタイルと呼びます）。

　一方、高くない年収で一生同じ仕事を続ける人たちには、代わりにワーク・

**欧米の「出世しない」層は共働きでWLB充実**

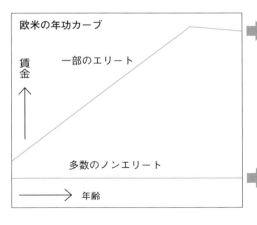

エリート同士の結婚 ＝ 超高給取り
・家事育児アウトソーシング
　（シンガポールスタイル）

どうせ出世しない＝WLB重視
・男性も育児休業可能
・育児休業しても、
同職・同給での復職が可能
（休んでも昇進差が生まれない）
残業ゼロで、仕事と家事育児の両立が可能

世帯年収＝　夫（ヒラ）500万円＋妻（ヒラ）500万円＝1000万円
という生活スタイルが可能となる

ライフ・バランス（WLB）が保証されています。定時ピッタリに会社を出て家に帰り、有給休暇も完全消化という生活のため、家事育児と仕事の両立が可能です。こうした人たちは、大きな昇給も昇進もないから、仕事や会社に情熱を注ぐ必要もありません。また、育休で長く休んだとしても、後輩に抜かれることもない（もともと昇進などしないのですから）。こんな状態なら喜んで育休を取るでしょう。

どうせ出世も昇給もないんだから「俺に休ませてくれ！」という男性も多くなるわけです。ただ、夫婦がこんな状態だったとしても、お互いが年収500万円ずつ稼げば合わせて1000万円になる。400万円ずつでも800万円になる。欧州の場合、学費がとにかく安いから、こうした世帯でも容易に子供を大学に行かせられます。外食はとても高いのでそれさえ慎めば、そこそこ楽しい暮らしができるでしょう。

とても年収の高い世帯か、一生同じ仕事でそこそこの年収の世帯かでは、こんな感じになっていくのです。

## 女性はマミートラック、男性は家計と昇進、ともに重い十字架を背負う社会

日本の場合はどうでしょう？

皆が一生階段を上り続けるキャリアで、年収や役職は上がるけれど、WLBは望めない生活となります。ここからドロップアウトするコース設計はなく、選ぶとすると極端に低待遇な非正規雇用しかありません。

結果、皆がむしゃらに働き続けるのです。その代償として、たとえ管理職になれなかったとしても、それなりに職能等級を上げ、さらに定期昇給を重ねられるので、年収は若年時の2〜3倍近くまで伸びます。

こうした選択の余地がないキャリアの中で、子供ができて仕事を続けるとどうなるでしょうか？

育休をとり、その後、短時間勤務で復帰し数年を過ごすと、その間、後輩たちにどんどん抜かれてしまいます。そして完全復帰したころには取り返しのつかない差ができている。だから、男性はなかなかこの階段から下りる決

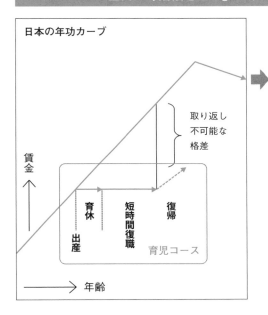

**全員が「階段を上る」日本では女性が脱落**

日本の年功カーブ

賃金 →

年齢 →

取り返し
不可能な
格差

出産
育休
短時間復職
復帰
育児コース

→ 「全員が階段を上る」仕組みのため

・途中で休めば、脱落してしまう
・脱落者用のコース設計が未然

・そのため、男性はこの階段から
　下りる決断がつかない

・しかも、欧米の本物のエリートほど
　高給でもない

・さらに、家事育児アウトソーシング
　には周囲の理解が得られない

・結局、階段を下りる自主的決断を
　女性に押し付けることになる

心がつきません。しかも、日本は欧米の「シンガポールスタイル」カップル
のように、家事育児を外注することに対しても理解が薄い。「子供がかわい
そう」と白い目で見られてしまうからです。

　こうした状態では、「育休＋短時間勤務」は女性ばかりに押し付けられ、
女性は出世できない「マミートラック」にはまることになっていく…。

　その代償として、男性は「死んでも階段を上る」十字架を背負うことにな
ります。

　これが日本の現実なのです。男尊女卑とか、性別役割分担の残滓といった
簡単な言葉ですまされるものではありません。キャリアの型が、男女に無理
を強いているのです。

　なぜ、日本では「男は外で、女は家に」がなかなか払拭できないか、お分
かりいただけましたか？

## 「短時間勤務でキャリアアップ」には賛成しかねる

　一方、会社の方はずいぶん進化してきています。熟練女性に辞めてほしくないからですね。

　その昔、私の若いころは「育休など神棚に飾っておくものだ」という風潮で、この制度はいわば、抜かずの大剣でした。それが、私が家庭を持った時分には「第一子は育休が取れるが、第二子はダメ」くらいに緩み、さらに2010年代になると「第二子もOK」となり、昨今では非正規雇用でも育休が取れるようになり始めています（会社にもよります）。

　復職後の受け入れもだいぶ改善されました。2010年前後まではまだ会社も慣れないため、短時間勤務部署を作り、そこに配置転換するという「マミートラック」の極致でした。営業や企画でバリバリやっていた女性が、いきなりコールセンターとか事務サポートとかに配置転換され、それがキャリアショックとなり退職…というケースも多くありました。2012年に上梓した拙著『女子のキャリア』ではそのあたりの悲哀に触れています。

　こうした失敗を経て、本人の希望に従い、元いた部署で目標や業務量を下げて、短時間勤務させるという会社が増えてきました。

　さらに昨今では「短時間勤務でも目標を達成するなら、昇進昇格の対象とする」という話もチラホラ聞こえています。もちろん、短時間でも通常勤務並みの業績を上げているなら問題はないですが、減らされた目標でそれを達成しただけで昇進昇格というのには、私は反対です。なぜか？

　世界中を見渡しても、昇進昇格を目指す人たちで、短時間労働をしているケースは少ないからです。1章にも書きましたが、米ヤフーCEO時代にマリッサ・メイヤー氏は「出世したいなら育休は2カ月以上取るな」とまで言いました。

　GEのCEOだったジャック・ウェルチ氏は「ライフかワークか、どちらか選べ」と言っています。

　私がフランスでカードルたちに聞いた話ですが、フランスでは男性でも3割が育休を取ります。ただ、彼らは昇進からはトラックアウトすることが御定まりで、「家庭を取った人」と呼ばれるそうです。つまり、そんな楽に昇進できる国はないのです。

# 三方一両損で夫婦ともにキャリアを作る

　では女性はキャリアを捨てろということなのか？

　いいえ、全く違います。家庭でしっかり、旦那さんと家事育児を分担する。旦那さんが分担を拒否するなら、シッターやハウスキーパーを雇うことを交換条件にして、さらにそのお金も出させる。そうして、あなたのキャリアを作ってほしいのです。

　このまま、家庭での調整が進まない状態で、そのしわ寄せがすべて会社に来ると、女性の社会進出はさらに遅れるでしょう。なぜなら、会社は「女性を採用すると問題が多々出る。男性ならこんなことがない」と思ってしまうからです。男性を採用しても、女性同様に家事育児に追われるようになれば、「どちらでも同じ」となる。だから、文句は会社に言うのではなく、旦那さんに言ってほしいのです。

　厳しい言い方をしますが、ここはぜひ、踏ん張ってください。そうでないと、永遠に「女性は家事育児」という性別役割分担が日本社会にはびこってしまうことになるから…。

　今後、理想としていくのは、「会社も育児家庭には一歩譲る、女性も一歩キャリアに踏み出す、男性も一歩家事育児を受け入れる」と、3者がそろって行動を変えることです。当初は女性が、昨今は会社が変わりつつあるのに、まだまだ男性は変化が足りないのが現在の大きな問題でしょう。

　会社の人事にお願いしたいのは、「見せかけだけのイクメン」施策をやめること。たった1日や2日、育休を取らせて終わり、なんていうのはダメです。

　トライアンフという会社では、6歳未満の子供がいる男性社員は、月に1回、16時に帰る日、というのを設けています。その程度では女性の育児負担は変わらないのですが、ただ、16時に帰る「つらさ」が分かったと男性たちは言います。「早く帰らねばならない時間帯に、のろのろ会議をやっていることへのイラ立ち」や「自分が帰ったあとに物事が決められてしまう疎外感」等々。短時間勤務者の気持ちを男性に教えることから、家庭が少しずつ変わっていくと思います。こうした制度などは、インチキできる男性の育休取得率アップなどよりはるかに大切でしょう。

**155**

# 夫婦二人で分担し、
# 女性も坂道を上る

女性が日本型の「誰でも階段」を上り続けるうえでは、家事や育
児を一人で抱え込むことは厳禁。配偶者と分担し、シッターなど
外部のサービスも大いに使うべきだ。公的補助も使えばコストは
かなり安い。階段から下りずに、キャリアの暴風雨期を乗り切る
策を練ろう。

　前節で「キャリアを目指すなら、子供がいてもしっかり働け！」と書きました。短時間勤務でも昇進させてもらう、というのはダメだと。そのためには、女性だけが家事育児をやるのではなく、旦那さんと分担し、そのうえでハウスキーパーやシッターという外注も使うべき、というのが私の考えです。

## 坂道を上るしかない日本の問題

　前節で詳しく書きましたが、世界中どこを見渡しても、「短時間勤務なのに」昇進している人はほとんどいません。

　育休をしっかりとり、短時間勤務期間も長くして、ゆったり働きたいなら、昇進など諦めるコースに行くのが世界の常識となります。ただ、日本はこうした「ゆったりコース」の設計がない。その点については「ミドルのキャリア」を考える17節でしっかり書きます。こうした「ゆったりストップモーション」コースを作るのも、日本企業の人事に課された宿題でしょう（そして、そのコースに女性だけでなく、男性も平等に行くようになること！）。

　現時点では、日本型の「誰でも階段」を上り続けるしかありません。この階段を、育児と家事をしながら上れ！　と言われたら誰でもこと切れてしまいます。だから、「会社も譲歩」し、「旦那さんと分担」し、「外注も使」って、

負担を減らしながら上っていくべき、と私は考えています。要は、電動アシスト付きなら坂道も走れるということです。

## ワンオペ育児で考えたこと

さて、ではどのような「電動アシスト」を設計すれば良いでしょうか。ここから先は、私のイクメン体験から考えたことです。

私的な話を少し書かせていただきますが（現在、離婚して単身なのですが）、私の元妻はバリバリのキャリアウーマンで、育児中に仕事を続けながら夜間大学院に通って臨床心理士の資格を取ってしまうような人でした。なので、彼女が大学院に通う（いやその前の予備校時代）ころがイクメンの始まりとなります。ただそんなもの、本当に簡単な話でした。要は、妻が学校から帰ってくるのを待っていればいいだけのことなのですから。正直、こんなもので女性のつらさなど分かりはしません。

本当の修羅場は、第二子を妊娠した妻が、前置胎盤で切迫流産となり、妊娠後期と産後の3カ月間、入院することになったことから始まります。

当時私は、リクルートキャリア社で、人事制度改革プロジェクトの企画責任者をしておりました。全社員のアンケート分析や役員会提案書などを、それこそ徹夜で作らねばならないような時期です。その佳境のころに、ワンオペ育児が重なってしまいました。

幸い、家と会社がそこそこ近かったので、夜は19時直前まで働き、超特急で保育園まで迎えに行き、19時30分の閉園にギリギリセーフ。そして、家に帰り晩ご飯を食べ、お風呂に入り、少しだけ一緒にポケモンやハム太郎のビデオを見て、そのあとは絵本を読んで寝かしつける…。時間はすでに22時前近くになっているので、私もひと寝入りし、明け方4時ごろに起きて、7時過ぎまで仕事をし、それから朝食を作り、子供を起こす、という毎日でした。

正直大変な日々でしたが、そのとき思ったのは、「ああ、女性はみんなこれをしなきゃならんのだな」ということ。だから私の雇用ジャーナリストとしての後半生、最大のテーマは、「女性のキャリア」となったのです。

**157**

## 「テレワークで育児」なんて絵空事

　長々とお恥ずかしい話を書いてしまいましたが、このときの経験から、私は子育て勤務に関して世間で言われている話と、実情はずいぶん違うことを実感したものです。

　まず、「テレワークで育児は解決する」という話。これは無理ですよ。子供がいるととても仕事はできない。だから寝ている間がゴールデンタイムとなります。この話、育児中の女性ワーカーにすると皆、激しく同意してくださります。「テレワークと育児、なんて話は経験したことのない人の絵空事よ」と。人事の人たちは、こうした「ナマ情報」にぜひとも敏感であってください。ファザリング講座などの講師は、現役時代、キャリアと関係なく暇をしていた人だったりするし、キャリアウーマンの本でもDINKsだったりする人が書いていて、的外れなことがかなりあります。

　続いてもう一つの大切な事実。それは、育児をしていてもけっこう残業はできるということ。

　私の生活録を見ても分かるように、毎日19時までは働けるのです。これは私の家が会社と近かったこともありますが、昨今では閉園時間が20時まで延びている公立保育園も多いから、通勤1時間圏内の人であればやはり19時までは働けます。

　こうした話を会社側が全く知らないのも問題でしょう。経営幹部にイクメンが少ないから、実情が分からず、「育児ワーカーは短時間勤務」という固定観念に縛られるのです。

　一方で、閉園ギリギリに迎えに行くのでは「子供がかわいそうだ」という話が周囲から出てきそうですね。この言葉を言われると、正直、心が折れます。自責の念に駆られて。

　ただ、一方で子供は慣れたもので、遅くまで一緒にいる仲良したちもでき、19時に夜のおやつが出るので、その前に迎えに行くと「まだいる」とぐずられたりするものでした。だからある面、杞憂でもあるのです。

　また、夫婦ともにきっちり分担すれば、どちらも週1日くらいは18時台に迎えに行くこともできるはずです。それで夫婦合わせれば週2日と土日は子

供といられます。

　あとは、少々切ない話をしますが、中堅規模以上の企業で夫婦ともにキャリアを積んだ場合、仮に、運悪く夫婦ともに課長になれなかったとしても、それでも世帯年収は相当な額になります。部長一人の年収よりも多いだろうし、税負担が少ないから可処分所得はさらに上でしょう。

　さすれば、お金に悩むことはないし、子供は中高大学と学費の高い学校に進むことも可能。何より、「私はもっと働きたかった」という後悔の念から起こる家庭内の葛藤もなくなります。そうしたこと、すべてを合わせて、こういう家庭も悪くはないのだ、と自ら言い聞かせてみてください（ちなみに、この形で働いた夫婦は、年金額も「部長＋第3号保険主婦家庭」よりはるかに高くなります。老後の楽しみも増えますよ）。

## 週2日ずつで夫婦分担、残りの1日は外注

　ただ、ここまで限界の生活を妻一人が背負ったら、やはり「階段を上る」ことは無理でしょう。そこで、結局は分担が重要になってきます。例えば、夫が週に2日早帰りし、妻も週に2日早帰りし、残りの1日はベビーシッターさんにお願いする、という三者分担制にしたらどうでしょうか。これだと、週5日のうち3日は自由に働いたり付き合いをしたり、はたまた自己啓発に励んだりできるようになるでしょう。

　早帰りの週2日も、例えば18時30分に上がることにすれば、1時間程度、残業はできます。基本をこの形にしてみて、夫婦ともに週3日自由に過ごすのはどうでしょうか。

　17時即退社というのは現在でもなかなか難しいものですが、昨今では19時自主退社を奨励する企業も増えてきたので、18時30分であれば、それほど肩身の狭い思いもしないはずです。何より週3日は思いっきり働くこともできるのですし。

　さらに、コロナ騒動が重なりテレワークで出社していない人もいるため社内には空席も多く、週2日の早帰り（何度も言いますがそれでも18時30分まで働く）であれば目立たないのではいないでしょうか。

ここで「夫に週2日早く帰って、とは言えない…」という声が聞こえてきそうです。ただ、そこは踏ん張りどころでしょう。夫だって週に1日や2日は、付き合いでお酒を飲んだりしているわけだし、そうした日を育児に当ててもらえばいい。どうしても仕事が終わらないなら、前日か翌日に長めに残業することで埋め合わせられるし、もしくは、私がやっていたように、帰宅して深夜や早朝片づけるという手もあります。そんな話をしても難しいというのなら、「じゃ、お金で解決しましょ」と迫ってみるのはどうでしょうか。その日のベビーシッター代を払ってもらうことで解決するのです。

## ベビーシッターはそんなに高くない！

ちなみに、皆さんはベビーシッターについて、とんでもなくお金がかかると思っていたりしませんか？

熟練スタッフをしっかり手配してくれる専門の会社でも1時間1500～2000円というところが多いのです。1回3時間だと5000円程度でしょうか。あと、多くの会社が「全国保育サービス協会」に加入しており、ここから1回2200円の割引チケットをもらうことができます。そうすると差し引き3000～3500円程度の負担で1回3時間のベビーシッターが雇えるのです。さらに、送り迎えや子供の世話だけでなく、掃除や洗濯などの家事までしてくれるサービスも多々あります。夫本人ができないなら、その分、「1回3000円払ってください」と割り切って言ってみてはどうでしょう。会社の人事が、男性社員にそういうアドバイスもすべきです。

ちなみに、年間50週毎週1回利用したとして、負担額は年15万～25万円（初年度のみ若干高い）程度なのです。月にすれば1万円ちょっとしかかかりません。週1回レギュラー利用した場合、そのお金を夫婦で出しあえば、月々数千円ずつの負担で済みます。お付き合いや化粧品代よりも安いでしょう。それで夫婦ともにキャリアが維持でき、精神的・肉体的な負担も減るのだから、ぜひシッターサービスの導入に前向きになってください。

# 男の人も、後で必ず「良かった」と思う

　少し俯瞰（ふかん）して考えると、この子育て世代期は、キャリア人生の暴風雨期のように見えるはずです。働くことと子育てで一杯一杯でしょう。それを女性が一人で抱えるのは無理だから、夫婦で分担し、あとは外注を使ってしのいでいく、という話になります。

　なぜこんな厳しいことが日本人には迫られるのか。

　理由は簡単です。日本人は「誰もが階段を上る」権利を持っている。これは他国と比べると素晴らしいことです。ただ一方で、「誰もが階段を上らねばならず、そこから下りたら、非正規のひどい待遇しかキャリアは選べない」というもう一つの問題があるからです。

　階段を上り続けていた人にとっては、階段を下りたあとは、精神的にもかなりつらいでしょう。同僚や後輩が嬉々と階段を上る様を傍観しなければならないのだから。望んでその道を選んだならまだしも、家族のために不本意に自己犠牲となった場合はなおさらでしょう。

　だから、ぎりぎりの線で「二人とも上る」という方法を考えねばなりません。

　そこで、会社すなわち人事の皆さんの出番です。

　まずは、こうした「二人でつらさを分担できる」体制作りが喫緊の課題。そのためには男性社員を啓蒙することも重要でしょう。ジェロントロジー（老年学）の本を読む限り、日本人は老後、男性よりも女性の方が豊かな人生を送れています。子供たちに愛され、地域や趣味などのサークルがあり、家事もしっかりできて。そうした豊かな後半生のためにも、一度、家庭に入る経験をしっかりした方がよいという啓蒙を行い、そのための制度や環境を整えてあげてほしいところです。

　そして、中長期的な展望を述べておきます。将来は、どこからでもキャリアの階段を下りることは可能で、その後は、下りた時点のレベルより職務難易度・年収などを下げて固定にしながら働き続ける、という第三の道を用意してほしいと切に思います。この件は、次節に書くことにいたします。

# 誰もが階段を上らねばならない社会との決別

○ 日本特有の「ミドルの雇用不安」という問題。昇進・昇給し続け
○ るから人件費がかさみ、実務から離れるのでリストラの対象にな
○ りやすい。階段を「下りる」という選択肢があれば、欧米のジョ
○ ブワーカーのようにワーク・ライフ・バランスを重視した生活も
○ 可能になるのだが…。

　8節で書いた通り、日本型の「誰もが階段を上る」キャリアには5つの問題がありました。いよいよそのラストである「ミドル/シニアの雇用不安」について考えることにいたします。

　すでに書いた通り、欧米ではミドル/シニアの雇用不安はあまり大きな問題とはなっておりません。それは、多くの一般労働者は昇給も昇進も少なく、若年時に近い賃金・職位のまま働くことにあります。ただ、この仕組みは、二つのデメリットがありました。これだと、若年者を雇うメリットがなくなるために、若年失業率が上がること。そして、昇進も昇給がないためモチベーションが保てないことの二つです。

　日本の場合は、昇進・昇給が前提となるキャリアのため、若年者の年収は低く、その分、雇用が進みます。一方、熟年者は年収が高く実務からも遠ざかるため、不況時に雇用不安が起きてしまう…。とりわけ、規模の大きな企業になると、年功昇給は大きく、そのため、市場給とも乖離を見せます。結果、「辞めてもこんな高給では誰も雇ってくれない」と会社にしがみつく人が増える。そうなればなるほど、会社は彼らを抱えておくことに頭を悩ませる、という悪循環が起こることになります。

　日本企業のミドル/シニア問題を解決するための処方箋は、「課長以上の等級へは昇級審査を厳しくし、なかなか管理職に上げない」というものです。

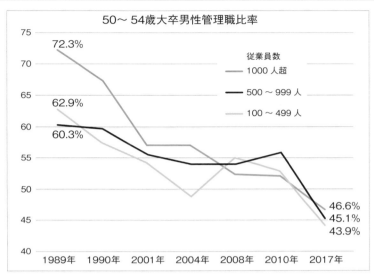

半分以上がヒラまたは係長にとどまる

50〜54歳大卒男性管理職比率

賃金構造基本統計調査（厚生労働省）のサンプル数を基に推定

結果、厚生労働省の「賃金構造基本統計調査」のサンプル数を基に推定すると、企業規模の大小問わず、50〜54歳男性・大卒・正社員という最も管理職比率の高い年代でも、課長以上の役職に就いている人は半分以下、という状況になってきました。つまり、現在では管理職になれない人の方が多くなっています。

　ただし、そこから先が問題なのです。

## ヒラのままでも50歳まで昇給し続ける構造

　多くの企業では成果主義は管理職以上を対象にしているため、ヒラや係長は対象にならず、定期昇給により給与は上がり続けます。また、非管理職であれば、残業手当も支給されます。高くなった基本給を基に賞与や残業手当も計算されるので、それなりの額になる。ということで、昇進もしないのに年収は上がり続けることになります。

下図は、役職×年齢で見た大手企業（従業員数1000人以上）の大卒男性正社員の年収カーブです。

　30代後半以降も年収は伸び続け、40代後半では935万円にもなります。30代からの増加は150万円を超えています。

　一方、課長以上は成果給のため、年功での昇給は少額です。結果、30代後半では課長とヒラの年収差は194万円あったものが、40代後半では128万円まで縮んでいます。

　ただ、これでも相当「ヒラの熟年社員の年収」は抑えているのです。まともに査定をつけていると、課長との年収差が本当に小さくなってしまう。非管理職でも係長クラスになると、下手をすると逆転まで起きる。そこで、そうならないために、査定ではこうしたミドルの非管理職に得てして悪い評価をつけることになります。

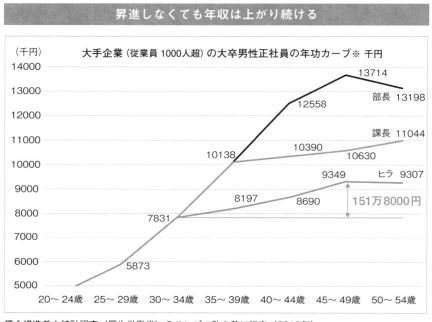

昇進しなくても年収は上がり続ける

（千円）大手企業（従業員1000人超）の大卒男性正社員の年功カーブ※ 千円

賃金構造基本統計調査（厚生労働省）のサンプル数を基に推定（2019年）

　一方で、こうしたミドルの非管理職たちは、まだ課長に昇進できるのではないか、と一縷の望みを持っています。と同時に、昇進できない滞留者という自分の立場に不安も強く持っている。その二つが重なり、がむしゃらに働かざるを得ません。

　結果、働いても働いても、査定は悪いという目も当てられない状態になっている。

　30代後半以降のこの年代は、育児・介護などで家庭の仕事もしなければならないのに、これではそんなことをする余裕すらありません。

　まさに、日本型の「誰でも階段」の大きな問題でしょう。


## 「大黒柱が一家を食わせる」型の古い給与システム

　そもそも、なぜ年収は上がり続けるのでしょうか？

　もし、能力が優れているのなら、課長や部長への登用があるはずです。ただでさえ緩い日本型の「昇進・昇給」システムの中で、係長にもなれずヒラでいる人たちの給与が、なぜ、大手企業だと35歳から50歳までの間に150万円も上がるのでしょうか？　この問題にこそ、日本企業は踏み込むべきでしょう。

　大学を出たばかりの何もできない未経験者が、日本型階段に従い、徐々に難しい仕事をこなせるようになっていく。結果、20代の間、年収が上がり続けるのは理解できます。30代前半もその延長にあり、本格的なチームリーダーなどを任されるから、職務難易度と年収は比例して上がっていくのも納得が行きます。

　ただ、30代後半以降も、ヒラのまま上位職に登用もされない人が本当に150万円も年収を上げていくことは、正しいでしょうか。ちなみに、これは大手企業だけのことではありません。準大手（従業員数500〜999人）や中堅（同100〜499人）でも、同様に「ヒラ」の給与が上がり続けます（次頁の図参照）。

　なぜこんな処遇ができ上っているのでしょうか。

　このあたりを、ベテランの労務担当者に聞けば、すぐにこんな答えが返っ

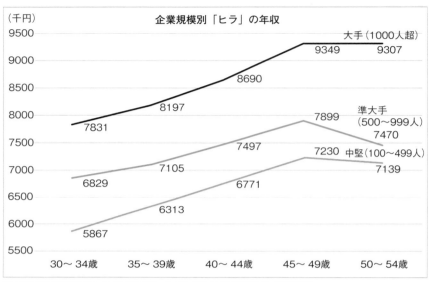

企業規模にかかわらず「ヒラ」の給与は上がり続ける

企業規模別「ヒラ」の年収

（千円）

大手（1000人超）

9500

9349　　9307

9000

8690

8500

8197

8000

7831

7899　　準大手
　　　　（500〜999人）
　　　　7470

7497

7500

7105

7230　中堅（100〜499人）

7000

6829

6771

7139

6500

6313

6000

5867

5500

30〜34歳　　35〜39歳　　40〜44歳　　45〜49歳　　50〜54歳

賃金構造基本統計調査（厚生労働省）のサンプル数を基に推定（2019年）

てくるはずです。

「だって、そうしないと、一家で食っていけないだろ。奥さんと子供かかえて」

そう。つまり、「夫一人で家族4人を食わせる」ための給料であり、過去の性別役割分担を前提とした人事制度なのです。

その結果、日本では社会の変化と給与体系がそぐわず、それが以下のようなフリクションを起こしています。

① 30代後半から40代前半の家庭内でのケアワークが最も必要な期間に、がむしゃらに働かざるを得ない

② こうした状況だと、育児は難しいから、出産を諦め、おひとり様やDINKsを選ぶ人が出る

③ DINKsで働き続けると、ともにヒラでも50歳になれば世帯所得が役員並みになる

すべて、過去の性別役割分担の「家族給体系」の中で「出世をしなくとも給与が上がる」ことに起因した問題でしょう。社会と齟齬をきたすこの問題を、中期的に解決することが、企業と人事が意識すべきことだと考えています。

## 昇給・昇進はなくさっさと帰る型のキャリア

まず管理職。厳しく言えば、係長クラスまで完全に職務（ポスト）主義に変え、ポストの数は定員制にする。お情けで新たなポストを作ることはせず、あくまでも業容にふさわしい定員を守る。スペシャリスト系の上位職を設けるのもよいですが、それも組織にふさわしい定員にすることです。そして、定員が一杯なら、決して上げないことにする。

続いて、成長の終わった時点で、定期昇給もやめる。この点については、職能資格制度の生みの親である楠田丘先生さえも、強く主張されておりました。楠田さんは「38歳」をその年齢としていましたが、会社や事業によって、定昇上限は異なるでしょう（3章で説明します）。

そして、給与を上げないだけではなく、昇進を目指さず、そこそこの業務量でさっさと帰る制度が必要です。

仮に、残業を一切せず（＝残業手当なし）、かつ、そうした状態だから賞与も3割カットという条件で企業規模別に試算してみると、その想定年収カーブは次頁の図のようになります。

ただ、これは定期昇給が続くベースで設定した年功給のラインです。こうした働き方をするならば、欧州のジョブワーカー同様、昇給もなくなってしかるべきでしょう。そうすると、30〜34歳時の給与のままとなります。大手でも650万円で昇給は止まる代わりに、ワーク・ライフ・バランス充実の働き方ができる。こんな、日本型階段を降りる、という選択肢を用意するわけです。これが企業にできるでしょうか？

性別役割分担を忘れ、夫が家計を一人で支えるという考えもなくし、誰もが階段を上る社会から、途中で階段を下りることのできるコースを設計する。これにより以下のように、いくつもの日本の問題が解決するはずです。

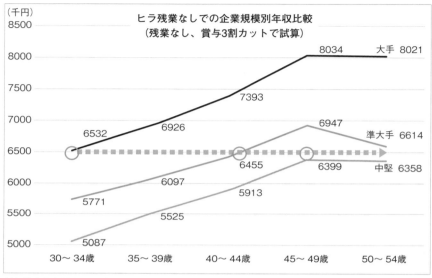

残業なしだと45歳で昇給ストップ

ヒラ残業なしでの企業規模別年収比較
（残業なし、賞与3割カットで試算）

（千円）

大手 8021
準大手 6614
中堅 6358

| | 30～34歳 | 35～39歳 | 40～44歳 | 45～49歳 | 50～54歳 |

大手: 6532 / 6926 / 7393 / 8034 / 8021
準大手: 5771 / 6097 / 5913 / 6947 / 6614
中堅: 5087 / 5525 / 6455 / 6399 / 6358

賃金構造基本統計調査（厚生労働省）のサンプル数を基に推定

① このコースに行く人は家事・育児・介護などのケアワークが自由にできるようになる

② このコースに行く人は、年収が市場給のままで止まるため、大手の場合、40代前半で準大手企業と、40代後半で中堅企業と同等となる。このことによって、転職可能性は高まる

③ この型の「階段を上らない社員」であれば、年齢や学歴、将来性などにこだわらなくて済むために、非正規雇用の熟練者からの抜擢採用や、同業中小企業からの採用もでき、人材確保が楽になる

④ このコースであれば、年収は上がらず、実務の腕も衰えないために、リストラの必要もなくなる

⑤ 実務を実力相応にやり続けるのだから、役職定年や定年なども不要となり、企業側は雇用終了まで同じ処遇で雇用できる

## 下りることで幸せ一杯となる制度を

　ただ、この年収にあぐらをかき、仕事をさぼる人もいないとは限りません。そこで、標準的な査定点がこの年収になるようにして、あとは、評価に応じて、上がったり下がったりする仕組みにすれば、極端なサボタージュは防げるでしょう。

　この働き方であれば、転勤なども可能な限り避けられるかもしれません。コロナショック以降、企業はテレワークを推進しています。例えば、営業などで別地域に担当替された場合でも、その地に慣れてコツをつかむまでの半年間程度赴任したあとは、自宅に戻ってテレワークを行い、あとは月に数回出張して、会議や必要な顧客訪問などを行えば事足りるでしょう。

　会社にとっても、従来の単身赴任だと、別居手当や月1回の帰宅手当などかなりの出費が強いられました。テレワークにして月数回の出張対応する旅費を出す方がかなり安いはずです。

　こうして、ワークライフバランスが充実した働き方が可能となります。それは、すなわち「途中から欧米型」キャリアとも言えるでしょう。最初から欧米型でない分、キャリアの前半は苦しいかもしれませんが、その分、かなり「高み」まで行ってから、定型ワークに入れます。年収的にも欧州のジョブワーカーよりははるかに高いし、しかも、十数年思いっ切り頑張った結果だから、入り口で将来が決まってしまうよりも納得感は高いでしょう。

　欧米的な働き方なので、不況時の整理解雇要員にもなりそうですが、その場合は、例えば、業績の悪化に応じてこの働き方の人全員の給与原資を2～3割減じて、不況を乗り切るまで年収を抑える、などの方法をとることもできます。

　子育て中の夫婦であれば、前節で書いたように、当面は「2人で分担して」あくせくしながら階段を上ることになりますが、子供が小学校に上がるころにはキャリアの結論が出て、上に行く可能性がない方が、このワークライフバランス充実コースを選び、階段を下りるのがよいのではないですか。階段を下りるのは妻ばかりでなく、夫になる可能性ももちろんあります。

　運良く（悪く？）夫婦ともに昇進コースに乗ってしまったら、そのときは、

欧米のエリート夫婦のようにシンガポールスタイルで、家事育児は外注に任すことになるのかもしれません。まあ、ともに管理職まで行けるのであれば、その余資は十二分にあるはずでしょうから。

## 手つかずの問題にそろそろ答えを出すべき

結局、私たちは、「階段を上れる」キャリアであり、「上らなければいけない」キャリアしかなかったのです。仕事生活の前半戦ではそれが欧米の「入り口で決まる」社会よりも良い面が多そうです。が、後半戦になると問題が多々出てきました。

今まではそこに答えを出さず、皆が管理職になれるという幻想の中で、やみくもに働いていたのです。それでも、多くの人が昇進できたバブル期前までならこの働き方も帳尻があったでしょうが、今は、「半分以上の人」が課長になれません。

そろそろ、昇進という幻想で無茶働きさせるインチキさに終止符を打つべきだと考えています。今、騒いでいる「ジョブ型」の本意はここにあったのではないでしょうか。年功給も終身雇用も維持できないことが改革出発点であれば、問題を整理すれば、ここにたどり着くはずです。ところが職務別コースやJDへと話は移り果ては「新卒からジョブ型」と訳の分からないことになってしまいました。同じ給与で同じ仕事を続ける「階段から下りる」コース設計こそ、「本物のジョフ型」だと早く気づいて欲しいところです。

(写真：123RF)

# 日本のデフレの原因は
# ガラパゴス組合!?

> 日本では当たり前の「企業内労働組合」は、実は世界では珍しい存在だ。
> 欧州では産業（または職業）別組合が経営者団体と一括協議し、横並
> びで賃上げやストライキなどを行うから労働者の権利が守られやすい。
> それがないことが、実は日本のデフレの遠因になっている――なぜか。

　前節まで、日本型雇用の構造から宿命的に起きる5つの問題について、ど
うしてそれが起こるのかを説明してきました。こうした構造的な話とは別に、
もう一つ日本型には根深い問題が残っています。それが「企業内労働組合」
です。

　多くの日本人は「労働組合って社内にあって当然じゃないの？」と思うで
しょうが、これは欧米（とりわけ欧州）では特異なことです。

## 社内に労働組合があるのはとてもおかしなこと

　1972年にOECD（経済協力開発機構）が日本についてのレポートを報告
しています。当時、戦災からあり得ないほどのスピードで経済復興していく
日本は、欧米にとって現在の中国と同様に、畏怖の対象でした。その秘密を
探るべく、OECDは日本を調査し、日本型雇用の3つの特色を示唆していま
す（このあたりは人事のスタンダードな知識なので、ぜひ覚えてください）。

　3つの特色とは、①年功序列、②終身雇用、③企業内労働組合、でした（後
年これに④新卒一括採用を加えて4つの特色などという人もいます）。そう、
このときすでに、社内に労働組合があることが、欧米の人の目には奇異に映っ
たということです。

　欧米では、企業と関係なく（というか企業横断的に）、「同じ職業の人」も

**171**

しくは「同じ産業の人」が一つの労働組合に入ることが多いのです。

どうしてそんなことをしているのでしょうか。

そのわけは、「コレクティブ・バーゲニング」という言葉にあります。日本では団体交渉と訳しますが、それでは意味が分からないでしょう。直訳すれば、「集めて、売る」。成語とするなら、「集合取引」となります。市場にいる労働者を一人残らず集めて、その労働力を経営者に高く売る。これが、欧州の労働運動の基本原理なのですね。誰一人の脱落もなく労働者を集めたら、経営も襟を正さないとなりませんね。それはとても強力な交渉力を持ちます。そういう「労働力の商取引」を行うのが労働組合ならば、社内に閉じているのはおかしいでしょう。だから企業横断的な存在となるのです。

この「コレクティブ・バーゲニング」を「団体交渉」と意訳してしまったのは皮肉なことです。団体交渉という言葉であれば、2人以上で経営者と話し合いをするだけのことであり、それだと社内に存在しても何の違和感も湧きません。

ともあれ、欧州では賃金や労働時間、休日休暇など、労働者の基本的な権利向上に関しては、社外まで広くつながる労働組合が、経営者団体と一括協議して決めるという仕組みができ上がっています。結果、どの企業に属していても、待遇に関しては公平な状態が保たれているわけです。

## 日本にはない、もう一つの労使協議チャネル

さて、欧州型組合だと労働市場全体の待遇底上げはうまくいくのですが、個別企業の中の労働問題には対処が難しくなります。企業ごとに経営状態によって、例えばリストラをする場合とか、組織の統合により配置転換を余儀なくされた場合とか。そうした企業の個別な都合に対して、市場全体を俯瞰するタイプの組合では対処が難しいでしょう。

また、コレクティブ・バーゲニングという運動原理だと、必然、経営者と労働者は対決しあうことになってしまいます。もし、社内で対決を続ければ、経営はうまくいかなくなり、結果、倒産など労働者にとっては最悪の事態を招くことにもなりかねません。

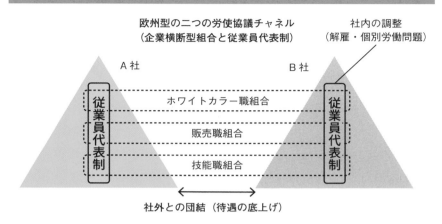

**二つのチャネルで経営側との対決と協調を使い分け**

欧州型の二つの労使協議チャネル
（企業横断型組合と従業員代表制）

社内の調整
（解雇・個別労働問題）

A社　　　　　　　　　　B社

従業員代表制　ホワイトカラー職組合　従業員代表制

販売職組合

技能職組合

社外との団結（待遇の底上げ）

　そこで、欧州型の労使協議には、もう一つのチャネルを用意し、個別企業内の問題に携わるようにしています。その仕組みを「従業員代表制」と呼びます。その機能は、従業員の代表が社内の労働問題を経営側と協議して解決することです。例えば、経営が労務・人事に関する方針を決定するときは、必ず従業員代表の諮問を経なければならない、などと法律で決められたりしています。勝手に人員整理や組織の統廃合などできないのですね（解雇のときに、欧州では厄介な手続きがある、と何度か書きましたが、このことです）。

　ただし、企業側の都合も十分理解し、それが経営にとって合理性が高く、結果、労働者のためにもなると分かったときは、従業員代表はその内容を従業員に広報し、さらにその策を明解なルールのもとに実施します。組織統廃合や人員整理などは、こうして実行されるわけです。

　この役割を見れば、経営側と対峙するのではなく、諮問・合意形成・実行を行っていることになるので、それを「共同経営」もしくは「経営参加」などと呼びます。組合の運動原理（コレクティブ・バーゲニング）とはずいぶん違いますね。

## 性格・対象が異なる二つの協議で欧州型は成り立つ

　労働組合の場合、労働者は基本、自主的に参加するものであり、加入義務はありません。また、性質的に企業と対峙するものであるから、企業からの経費負担も認められず、組合員から徴収する組合費が活動の原資となります。

　ただ、こうした原則があると、組合は必然、縮小していきます。加入すればお金を取られるのですから。結果、多くの国で労働組合への参加率は下がっています。これではちっとも「コレクティブ・バーゲニング」ができませんね。そこでどの国も、参加率の低くなった組合に労働者の代表性を持たせるよう色々な工夫をしています。組合が勝ち取った待遇・権利を非組合員にも共有するためのルールとか、従業員代表制の代表を組合員がやるといった方法がそれにあたります。

　話がずれてしまいましたが、組合とは自主参加かつ企業負担は禁止されたものです。

　一方、従業員代表制は多くの国で企業に設置を義務付けており、基本、従業員全員がこれに与することになり、しかも経営の諮問機関でもあるわけだから、経営が費用負担すべきものです。そのため、「無料」かつ「全員参加」となり、労使協議のチャネルとしてはより太くなり得るのです。

　そして、一方の組合がしっかり経営と戦い、一方の従業員代表制が経営と協働するというすみ分け、さらに、社外まで含めた市場のことは組合、個別企業の社内については従業員代表制と、「対象」の区別もしっかりできています。

　欧州型のこうした労使協議の仕組みを知ると、日本のそれは、「社内に閉じていて」しかも「従業員代表制が脆弱」ということで、問題や偏りを生み出しています。それらを列挙してみましょう。

● 管理職や非正規雇用者がスポイルされる
● 経営と戦うべき存在の組合が、従業員代表の仕事まで任されるために、協働的な歩調を取りやすい

● 労働者の待遇は社内に閉じたもので、市場全体の公平性は保たれない

さらに言うと、こうした構造が「デフレ」の原因にもなっているのです。

## 日本で賃上げが起きない理由

日本型の企業内労働組合には、賃上げ交渉でストライキをなかなか行いづらいところがあります。「経営ににらまれる」という意味もありますが、それよりも大きいのが、「自社ばかりがストライキを行えば、ライバル企業が

労働条件闘争は横断組合の方が実効性がある

優位になり、ますます自社の待遇が先細りになる」という心配があるからで
す。欧州型であれば、企業を超えて、同職の人たち全員、それこそライバル
企業までストライキを行うので、出し抜かれることはありません。

　経営者の立場から見ても、欧州型であれば、「ライバルもみな、賃上げす
るわけだから、わが社だけがハンデを背負うわけではない」と安心できます。
そこで、賃上げができるわけですね。

　対して日本は、「賃上げすればわが社のみ苦しくなる」という経営者のす
くみ合いで、誰もそれをできなくなる。こうした結果が、賃上げが長らく起
こらず、価格転嫁がなされないので値上げも起こりません。結果、デフレを
生み出しました。

　フランスなどでは、経営に活力を持たせるために、企業ごとに個別で賃金
を決められるように、と政策誘導をすると、経営者が「いや、今のままの一
律型がいい」と反対するほどです。日本の組合が社内に閉じていて、しかも
一方で従業員代表制と同じような、経営との協働をしている状態が、いかに
不都合かが計り知れるでしょう。

　こうした状態に対して変革を生み出すために、今、日本では色々な蠢(うごめ)き出
しています。例えば、企業外にあって誰でも入れる労働組合（コミュニティ・
ユニオン）などの拡充がその一つ。ただ、こうしたユニオンは、急進的すぎ
て経営を敵視する傾向も強く、欧州型の健全な協議は進みません。

　一方では、旧来の組合が非正規を取り込んでウイングを広げつつもありま
す。ただし、低賃金の非正規雇用者から組合費を取ることには反発も起こり
がちです。

　さらに、形骸化している従業員代表制を欧州のように拡充していく、とい
う動きもあります。こちらは全従業員の代表となり得るものであり、しかも
法を改正して、全企業に設置義務を持たせることも可能です。そうすれば、
現在の「非管理職の正社員のみ」を対象にした組織率の低い労働組合よりも、
労使協議のチャネルは太くなるでしょう。

　なんと、この話は従業員代表制のライバルとなるはずの労働組合側（連合）
からの提言書などですでに発表されております。ただ、社内に閉じている組
合と、もう一つ別に社内に従業員代表制が並立する、ということですみ分け

は難しそうです。

　これじゃいつまで経っても、市場横断的な給与体系はできず、さらに言うと、非正規は低賃金のまま、ということになってしまうのではないでしょうか。

## 派遣社員が風穴を開けるか

　と思っていたところに、ほんの少しだけ、事態が好転する芽が生まれています。それが、2020年4月に施行された改正労働者派遣法の取り決めです。

　従来、派遣会社は自由に派遣社員の時給を決めていました。ところが、同一労働同一賃金の原則を盛り込むことが求められ、以下の二つのいずれかの方法で決めなければならなくなったのです。

① 派遣先企業の中で、同一労働同一賃金となること。これだと、派遣先企業の該当職務に正社員が一人もおらず、低賃金の非正規雇用者しかいない場合、派遣社員も同様に安い時給の設定が可能です。ただし、この方法で時給を決める場合、派遣先企業の従業員代表から承認を得なければなりません。数多い派遣先企業ごとにこんな手続きをすることは現実的に無理。そのため、この方法を用いる派遣会社は少ないでしょう。

② 賃金構造基本統計やハローワークデータから、該当職務の平均給与から時給を算出し、それ以上の時給とすること。こうした公的データは正社員の比率が高いので、時給は必然上がります。また、この算出に際しては、退職金、賞与、交通費などの加算も義務付けられています。

　実質的に②の方法をとる派遣会社が多数になるので、緩やかに派遣社員の時給は正社員に近づいていくはずです。それが進むと、直接雇用の契約社員などで低待遇の人は、「派遣社員になった方がいい」と思うようになるので、流出が起きるでしょう。結果、引き留めのために契約社員の待遇もアップする。そんな形で、②方式で算出された派遣社員の時給が一つの「市場給与」になっていくのではないでしょうか。

　これで、ようやく日本でも市場賃金が生まれることになりそうです。

**177**

# 3章

# 人事の組み立て
## ～脱日本型の解

この章では、日本型雇用・欧米型雇用の差異とは別に、人事を考えるうえでもう一つの重要なファクトを示しています。それが、「キャリアの形」です。

　企業、いや、業種によってキャリアの形は大きく異なります。何年も知識と経験を積んでようやく一人前になる産業。一方、あっという間に腕を磨き、20代前半でもトップに立てる産業。そのどちらでもない産業（企業体）。この3つがあるのです。

　例えば私が長くいたリクルートは、あっという間にトップに立てる産業構造でした。一方、総合商社のエネルギー部門などだと、土台それは無理でしょう。20代前半でベトナムの原子力発電プロジェクトのリーディングをして、ゼネコン、FA（ファクトリー・オートメーション）、重電などのそうそうたるメンバーを束ねることなど、絶対できないことは明白です。

　こうした産業構造の全く異なる企業にもかかわらず、「隣の芝は青い」と片や早期昇進を羨み、片や着実なキャリアラダーを模倣しても、全く意味はありません。採用、育成、給与制度、これらはすべて、キャリアの形にひも付けて考えるべきでしょう。

　そうして最後の総仕上げです。

　このキャリアの形と、日本型もしくは欧米型の組み合わせが、最適な人事管理術となるのです。

　その正解を端的に示せば、「成長期は日本型」「停滞期は欧米型」、つまり、先日・後欧の接ぎ木型。成長期はボトムアップ型の育成を行い、停滞期になったらトップエクステンション型の育成を主軸にします。

　リクルートのように成長期が短い産業は、あっという間にボトムアップからトップエクステンションへと軸を変える必要があり、総合商社や銀行、大手メーカーはその逆ということになります。

　結局、人事管理については、日・欧米の違いをよく知り、さらに自社のキャリアの形も念頭に置くことが必要だったのです。今まではこうした基礎条件の違いを無視して、流行を追っかける型のHRM（ヒューマン・リソース・マネジメント）が叫ばれ続けてきました。だから、そのどれもが根づかなかったと言えるでしょう。

　本書「はじめに」の一文を再度お読みいただければ一目瞭然です。1995年発行の雑誌に掲載された大手企業の人事役職者が語っていること、1960年の所得倍増計画の一文。60年も曲折し続けたその理由は、HRMの基礎条件にあまりにも無見識だったことが大きいでしょう。

## Section 19 キャリアの法則というものに気づいていますか？

> 20代からどんどんポジションが上がる会社と、何年も知識と経験
> を積んでようやく一人前と認められる会社の差はどこにあるのか。
> 実はキャリアには3つの形があり、形の異なる会社の人事制度を導
> 入してもうまくいかない。

　この本もいよいよ最終コーナーにさしかかりました。

　本章ではタイトル通り、人事の組み立てについて考えていくことにします。人事に必要な基礎知識から、雇用を取り巻く社会構造、欧米など他国との比較、そして歴史を一通り学んできました。今までのように「自社」ばかりを見るのではなく、広い視野の中で、より有意義な人事の在り方を考えられるのではないでしょうか。

## 「どこでも通用する力」なんて土台無理な話

　さて、人事の組み立ての第1節は、キャリアの構造をテーマにします。キャリアには携わる事業によって3つの形があり、いずれの会社もそのどれかに当てはまるはずです。ところが、多くの人は、キャリアには3つの形があることに気づいておりません。その結果、形の異なる会社でうまくいった人事制度を、そのまま自社にも取り入れ、「あれ？　なんでうまくいかないのだろう」と難渋してしまうのです。

　それは、欧米でうまくいった人事制度を日本に直輸入してもうまくいかないのと同じですね。

　さあ、それではキャリアの構造について初歩から学んでみましょう。

**181**

昨今、「どこの会社に行っても通用するキャリアを身に付けろ！」などとよく言われます。一体「どこの会社に行っても通用するキャリア」とは、どのようなものでしょうか？

俗に「企画力」とか「分析力」とか「リーダーシップ」とか「対話力」などと呼ばれる言葉が頭に浮かびませんか？　こうしたどこでも通用する能力を、「ポータブル（持ち運べる）スキル」などと呼ぶことがあります。

ただし。現実問題で考えてください。こうしたポータブルスキル満載で今まで原子力発電のプロジェクトを担当していた総合商社の営業（33歳）が、転職して明日からメガバンクの法人融資担当部署で営業ができるでしょうか？

確かに同じ「営業」という仕事です。転職先にも彼と同じ大学の同級生は多々いるでしょう。でも、総合商社の彼は、銀行では全くと言っていいほど仕事ができないはずです。

当然ですね。彼は原子力に関する知識や業界作法などは熟知しておりますが、金融関連の知識はまるでないし、業界作法にも慣れていないからです。

この事例で、キャリアの要素（能力）というものが分かるのではありませんか？

そう、職業能力とは、どこでも通用するようなヒューマンスキルに分類される要素と、ある業界、企業でしか通用しない知識・経験・慣習などからなるのです。パソコンで例

**職業能力はアプリとOSから成る**

| | |
|---|---|
| アプリ | 業界内でしか使えない<br>（専門知識・技能・作法・人脈等） |
| OS | 広くどこでも使える<br>（ロジカルシンキング、ストレス耐性、<br>チームマネジメント、仕組化、手順化等） |

えるなら、前者はOS（基本ソフト）、後者はアプリケーションと言えるでしょう。いくら高性能のOSを持っていたとしても、アプリケーションが全く異なる世界では通用はしません。これがキャリアの現実です。

　例えば、物理学者と化学者では、必要となる専門知識が異なるため、簡単に両者の仕事を入れ替えることはできないとすぐに分かります。ところが、ビジネスパーソンだと、同じ営業職だから入れ替えられそうな気がしてしまう。でも、内実は研究者と同じで、それぞれが全く違う専門知識・専門能力の塊なのですね。

## 若くして羽ばたける会社、大器晩成型の会社

　続いてキャリアの形を考える二つ目の問題です。

> **Q27** 世の中には、若くして社内のMVPなどに輝けるような会社が多々あります。一方で、ともすれば年功序列的になる会社も多々あります。その違いって何でしょう？

　私のいたリクルートなども、よく入社2年目の社員が全社年間MVPになっておりました。対してメガバンクでは最速で支店長になった場合でも、20代ということはまずあり得ません。30代前半でも相当レアでしょう。どうして、こんな違いが出るのでしょうか？

　早期昇進の理由を「歴史が浅くて人材不足だから」などと考えるのは誤りです。リクルートはかれこれ60年の歴史がありますし、グループ総従業員は2万人にもなります。

　その他の理由としては「社風が異なる」から、とも言われますが、そんな雰囲気だけで経営などできないでしょう。もっと合理的に説明できるのが、

**183**

## アプリとOSのどちらかが重要な仕事

### TypeA　アプリが重要な仕事

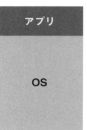

業界知識やノウハウ
などを長年かけて積
み上げる必要がある

・エンジニア
・スペシャリスト
・メガバンク
・大手メーカー
・大手商社
・研究職・学者
・大手の士業

### TypeB　OSが重要な仕事

業界知識やノウハウは
2年で習得可能。優秀者
はすぐ頭角を現す

・不動産営業
・外資生保
・百貨店（外商）
・EC系セールス
・人材系ビジネス

「キャリアの形」なんですね。

　世の中には、OSさえ優れていれば、アプリケーションはほとんど要らないような型のキャリアが存在します。リクルートはその典型でしょう。例えば、転職エージェントとしての知識は2年も携われば大体は熟知できます。だから2年目の社員がMVPになれるのです。

　一方で、金融の知識は2年じゃまだ初歩の初歩でしょう。そのころは色々な資格を取って個人融資業務を卒業し、ようやく中小企業相手に小口の法人融資を始めるか、というくらいの頃合いとなります。その後、中堅法人を担当して協調融資を覚え、手形の期間が長くなって次第に直接融資に近くなり、そのあとに準大手を担当して株式や社債を覚え…。こんな感じで一歩一歩階段

## アプリ、OSの双方がそこそこ重要な仕事

### TypeC　どちらもそこそこ

・販売会社、コンビニのスーパーバイザー
・ルートセールス、窓口販売
・保険査定員
・個別塾（教室長）
・専業の小規模企業

業界知識やノウハウは、2年で習得可
OSも、社会人として標準でOK

を上っていかないと、大口の法人融資は難しいでしょう。つまり、膨大なアプリケーションが必要な仕事なのです。だから、それを培うために、時間がかかります。

この「OSも重要だが、それにもまして膨大なアプリが必要（TypeA）」「OSが決め手で、アプリは少（TypeB）」というのが、まずは二つのキャリアの形だと思ってください。

さらにもう一つ「OSもアプリも、そこそこ（TypeC）」という類型があります。これで、3つのキャリアの形となります。

人事管理や人事戦略は、それぞれの類型により全く違ったものが必要です。

## TypeBの会社は人気企業でも離職率が高い

> **Q28** 人気はあるのに離職率が高い会社がありますが、どうしてですか？

「OSが決め手で、アプリは少（TypeB）」の会社は、若くしてすぐに頭角を現す社員が出てきます。こうした人は、社内の別の事業部に移っても、「アプリは少」でいいために、またすぐトップ争いに加わります。会社としてはこんな人は手放したくありません。そこで、すぐに昇進昇給させることになっていきます。

一方で、TypeBの会社では、2～3年働いても成績の悪い人は、その後もなかなか売れる人にはならないでしょう。その理由は、長く居て経験や知識を積んでも、それが業績にはあまり反映しないからです。この「売れる人」「売れない人」はともに全体の中では少数派であり、どちらにも入らない、「普通の人」が多数いることになります。

185

こんな感じだと、会社の人事管理はどうなっていくでしょうか？

TypeBの会社ではまず、入社した人にはきっちり徹底的に2年間、教育・訓練をします。そして売れる人には特別待遇をする。売れない人は、半ば、肩たたき気味になる。残りの普通の人は、「残っても残らなくてもいい」。そんなマネジメントが業績最大化のための解となっていくでしょう。

少しシニカルで嫌な書き方をしますが、その背景にはこんな考えがあるからです。

あまり数字が上がらない人が辞めたとしても、その穴埋めで採用した人を1年も育成すれば、十分、補てんできる。一方、フレッシュな人を採用すれば、その中に新たな「売れる人」の原石を見つけられる可能性もある…。

この作法にしたがって、給与も年功ではなく、売れる人と売れない人に差が付くようになっていきます。そうすることで、売れる人は辞めない、売れない人は辞めるようになっていくからです。

このスタイルを徹底していくと、「長期滞留者が少なくなるし、滞留者が出たとしても給与が上がらない」ということになります。その結果、給与原資を年輩の滞留者ではなく、若者に多く配分できるようになります。結果、初任給を思い切り引き上げられます。

こうして、「初任給が高い」「若くして活躍できる（人が目立つ）」ということで人気企業となり、応募者も増える（その裏で、ダメなら年収は上がらず、早く辞めることになるのですが、多くの夢見がちな若者はこうした不都合な真実には目が行かないところがあります）。

ちなみにリクルートの場合は、2年間の徹底教育により、KPI（重要業績評価指標）による業務管理や、仕事の手順化・仕組み化、そして、担当業界の専門知識などを覚えられます。こうした知識のパッケージがあるので、業績が上がらず辞めた人も、独立したり他社に転職したりした後、納得している人が多いようです。そういうわけで、辞めたあとも悪く言う人が少ないのでしょう。

## TypeAの会社は精鋭採用、年功序列となる

 **Q29** どうしてメガバンクの支店長には20代抜擢などが
ないのですか？

　一方、銀行や商社、大手メーカーなどは、一つ一つ専門知識を積み上げて、10〜15年かけて大きな仕事ができるようになります。20代中盤と30代中盤で標準的な営業スタッフが取り扱う金額を比較すると、優に数倍となっているでしょう。

　もともと優秀な学生を採用し、そのうえ、こうして長期間、ちょっとずつ難しい仕事をさせながら鍛え、30代半ばで「とても稼ぐ人」に育て上げる。この方式だと、採用時の選抜がまず、厳しくなります。階段を長期にわたりしっかり上っていけるポテンシャルがある人でないとダメだから、ですね。そして10〜15年たち、立派に育つと、今度は辞めてもらっては困ることになります。その人が抜けたらその後釜は、まず採用するのに一苦労で、さらにいっぱしの業績を上げるまで10年以上もかかるのですから。

　結果、人材マネジメントは、精鋭採用、長期育成、離職防止の3点セットとなる。この仕組みがうまく回るように、給与も右肩上がりで年功序列的になっています。そして、10年程度の「成長期間」中は、同期入社者の間には給与差もあまり発生しません。

　当然でしょう。例えば銀行では入ったばかりで「個人向け住宅ローン融資」をしている時期、もしくはメーカーだったら、新人で販売会社に出向している時期。そこで華々しい成績を上げたとしても、それは、長い長い修業過程の1ページでしかなく、その後ずっと、階段を上り続けなければならないのですから。

## TypeCの会社が陥る悪循環

　最後に残るのが、「OSもアプリもそこそこ」の会社。このタイプの仕事になる理由は多々あるのですが、分かりやすいのは、「ある難しさの工程のみを担当する」ことに起因するという理由でしょう。例えば、大手メーカー傘下の販売会社。それは、車や機械などを「売る」部門だけの会社となります。その車や機械を開発したり、CMを企画したりはしません。

　同様に、例えば保険の査定員などは、それだけをやるための専門職として雇われます。

　そして、多くの中小企業での仕事が実は、このTypeCに入るケースが多いのです。いや、「中小企業が易しい仕事ばかりをしている」と勘違いしないでください。すごい技術を持ち、世界中に売り込んでいる人がいる会社も多々あります。ただ、そうした中小企業でも、それは社内の一部の人（多くの場合、社長とその息子など）に限られ、あとの人はそれほど難しくない仕事を担当しているというケースをよく見かけてしまうのです。

　そういうケースでは、頑張る人を次々に育てる育成力に課題があったりします。この点についての対策は、もう少し後で書くことにいたします。

　さて、こうしたTypeCの会社の場合、実は、相対的に安い給与ながらも、年功序列的になっているケースが多くなります。それは、人気があまりないので新規採用に難渋するため、一度入った人になるべく長く居てもらうためです。ただ、そうして年輩者に給与原資を配分すると、入り口の給与が安くなり、ますます採用力が乏しくなるという悪循環に陥りがちです。

# リクルートの人事制度を
# 総合商社がマネできない理由

- 自社の「キャリアの形」を把握しないまま、エクセレント・カンパニー
- のきらびやかな人事制度を導入してもうまくいくはずがない。キャ
- リアの形の見極め方を学び、それぞれの人材管理の要諦を知ろう。
- まずは若くして昇進できる「TypeB」だ。

## 「キャリアの形」を考えずに、流行を追いかけるべからず

> **Q30** ニュースで取り上げられていた面白い人事制度を自
> 社に取り入れたいのですが。

　人事の基本は、企業内の「キャリアの形」に合わせることが大切です。そうすることで、採用・育成・配置およびそれらにかかる投資が最適になるからです。

　例えば、1年で一人前に育つような事業だったとすると、長期雇用を前提に制度設計する必要はありません。それくらいの短期育成が可能なら、勤続のインセンティブは下がります。当然、年功給にする意味もない。ましてや、育った後に、個人能力により業績差が大きくなるような事業であれば、業績が高い一群は辞めないでほしいが、業績が低い一群に長期勤続を促す理由はないでしょう。とすると、人事制度設計もこの「キャリアの形」に合わせた

ものになっているべきです。このことはすでに前節で触れました。

　つまり、自社のキャリアの形をまず把握することが大切なのです。ところが、この分類を全く考えず、流行りもの好きな人事クンたちは、エクセレント・カンパニーが実施したきらびやかな人事制度を競って導入しようとする。だから失敗するのです。

　ということで、まずは自社の「キャリアの形」のメインストリームを把握する方法を提示しておきます。

## 3年目と8年目の社員で、平均業績は何倍になっているか？

**Q31** キャリアの形とはどうやったら分かるのですか？

　まず、御社の「主戦力（お金を稼ぐ）となる職務」は何でしょうか？　大方の企業であれば、営業もしくはエンジニアとなるでしょう。その他まれに、商品開発などを選ぶ企業もあるかと思われます。

　続いて、メインの職務に就く人の、入社3年目の社員と、8年目の社員の平均業績を出してください。営業であれば「売上高」で簡単に数字が出ると思

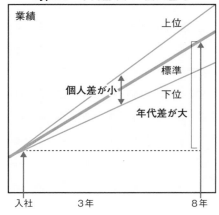

年代による業績の差が大きければTypeA

TypeA　年代差 大 × 個人差 小

います。エンジニアや商品開発であれば、担当ポストの「管掌規模（予算金額）」で出せばいいかもしれません。

8年目社員の平均値が、3年目社員の2倍以上となる場合、その企業はTypeAタイプのキャリアだと見て、まず間違いありません。

普通（平均）にやっていても、3年目から8年目までの5年間に、職務規模が倍以上になっています。それだけ知識と経験がモノを言うということでしょう。この場合であれば、年功に応じて業績を上げてくれるのだから、長期勤続を良しとし、年功給としても問題は全くありません。銀行、商社、メーカーなどいわゆる日本の重厚長大産業の多くはここに入る可能性が高いと言えるでしょう。

## 同年次の上位者と下位者で業績差が2倍以上あるか

新卒3年目と8年目の平均業績の差が2倍未満の場合、その企業の「キャリアの形」はTypeBかTypeCになるはずです。その場合、今度は2〜8年目の社員のうち、業績「上位2割」と「下位2割」を比較してみてください。それが3倍以上になる場合は、間違いなくキャリアの形はTypeBといえます。2〜3倍の場合は、TypeBかTypeCどちらの可能性もあるので、さらに以下の比較をしてみてください。

「業績上位2割のうち、上位1割を除いた（業績上位1割〜2割のゾーンにいる）社員」と「業績下位2割のうち、下位1割を除いた（業績下位1割〜2割のゾーンにいる）社員」の比較です。つまり、極端にできる人と、

個人による業績の差が大きければTypeB

TypeB　年代差 小 × 個人差 大

上位

個人差が大

標準

下位

年代差が小

入社　　2年　　　　　　　　　8年

極端にできない人という「異常値」を除いて比較してみるのです。それでも平均業績が2倍以上になる場合は、TypeBと判断してください。

　これは、できる人とできない人の「個人差」に注目しています。年代差はあまりない（前段で見た通り、3年目と8年目で業績は2倍差にもならない）けれど、個人差が大きいという事業は、つまり、長期蓄積よりも個人能力が業績の決め手となる。すなわちTypeBと見て取れます。

　こうした企業は、営業力・企画力・ひらめきなどの半ば先天的な「個人能力」がモノを言うと考えるべきでしょう。そして、蓄積が関係ないために、若くしてどんどん昇給・昇進していける会社となります。ともすると人気企業となりがちですが、入社したあと「8割以上の普通の人」はあまり日の当たらない存在となっていきます。以下のような企業がそれにあたるでしょう。

① 営業力がモノを言う企業・職務
　　生保営業、証券営業、不動産営業、人材系ビジネス、EC系セールス、百貨店の外商など
② 企画・想像力がモノを言う企業・職務
　　クリエイティブ系、ECなどの企画業務
③ 天才的な技術力がモノを言う企業・職務
　　ファブレス系半導体設計、バイオベンチャー、金融専門職など


## TypeCになる企業の事情はまちまち

　さて、残ったTypeCです。ここに入る企業・職務群は、色々な事情があってこの形に落ち着いているため、いくつかに分類して説明する必要があるでしょう。

　まずは、共通する傾向として「不人気」という条件が上げられます。

　本来「伸びしろが少なく」「個人能力差も小さい」という仕事であれば、（現状の日本なら）非正規雇用が中心となるはずです。にもかかわらず、正社員でしかも年功給を取る理由は、「不人気で人がなかなか集まらない」ことが共通していると言えるでしょう。

**192**

続いて、個別の事情です。

① 本当に職務実態が固定的なもの

例えば、保険の査定員や、金融系の窓口販売業務、ルートセールス、集金・検針作業、コールセンターなどがこの分類に入ります。

② 商品自体が魅力的で、誰が売ってもそこそこ売れるもの

ここには、BtoC系製品メーカーの販売子会社（販社）の仕事が入るでしょう。自動車、パソコン、OA機器など多様な商品があります。

③ オーナー系の中小企業

このカテゴリーに入る企業は、まさにいろいろな事情を抱えていると言えるでしょう。

まず、こうした企業の場合、新卒採用がなかなかうまくいかず、スポットで中途採用を繰り返すしかありません。それも自社にピッタリな経験者はなかなか見つかりません。そこで、年齢も素性も異なる中途入社者も仕事がこなせるように、階段の設計を緩くしてどこからでも入れるようにしていることが一つ目の事情。

二つ目は、オーナーやその子供たちが使命に追われて猛烈に頑張り、彼らだけが高みに上っていってしまうこと。人材育成にかける手間暇も惜しいため、後続が階段を上れない、という事情。

三つ目は、オーナー一族の権益保守。できる人材が業績を上げ、社内で人望も集めると、オーナー一族は立場が危うくなります。そこで、社内に「階段を上る人」をあえて

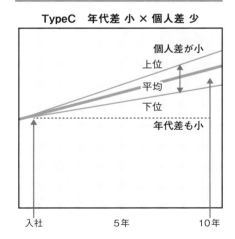

個人差も年代差も小さければTypeC

TypeC　年代差 小 × 個人差 少

個人差が小
上位
平均
下位
年代差も小

入社　　　　　5年　　　　10年

作らないという事情。

　四つ目は、事業の改良・発展を怠っているため、そもそも、上るべき階段がないという事情。例えば、自動車の3次請けクラスの地場企業でも、やる気のある会社は、上流・下流工程に進出したり、海外事業所に投資したりします。そうすると、それに付随する階段ができてくる。ところが、「地場で与えられた仕事だけ」をやっていたら、自ずから階段などできません。

## 大化けする中小企業とそうでない中小企業

　こうしたなかで、私がコンサルティングのやりがいを感じるのが、前述した二つ目の事情を抱える企業です。オーナー一族がどんどん高みに上るけれど、誰もついてこられない。ならば、そこに階段を作る。そしてそれを上らせるマネジメント力をつけさせる。これにより、「大企業と同じ仕組み」化に成功すると、こうした企業は大化けするのです。

　逆に、三つ目・四つ目の企業はいくらお金を積まれても、どうしようもありません。企業は経営者の「人となり」以上には成長できないものなのです。

## 多事業化とトップエクステンションが重要なTypeB企業

**Q32** なぜ人気があるのに離職率が高い企業があるのですか？

　さて、企業ごとにキャリアの形が分かったところで、人材管理の要諦に移ります。これは前節で書いたことの復習にもなります。

　まず分かりやすいのが「TypeB」です。外から見ると若くてバリバリ働

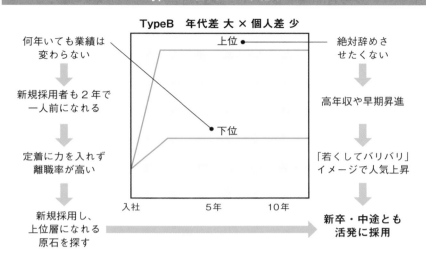

**TypeBの採用と人事施策**

TypeB　年代差 大 × 個人差 少

何年いても業績は
変わらない

新規採用者も２年で
一人前になれる

定着に力を入れず
離職率が高い

新規採用し、
上位層になれる
原石を探す

絶対辞めさ
せたくない

高年収や早期昇進

「若くしてバリバリ」
イメージで人気上昇

新卒・中途とも
活発に採用

くスターがあふれる会社ですね。こちらは年功による業績アップは見込めないので、年功昇給は極力抑える。その余資を振り分けることにより、初任給が上げられます。結果、若年採用はさらにやりやすくなる。このサイクル作りを忘れずに。

　また、アンブレラ型の多事業展開をすることもお勧めです。例えばリクルートやそれに類似する企業（プロトコーポレーションなど）は、実に多彩な事業を展開しています。人材・不動産・中古車・結婚など主業とする情報誌という仕組みは同じです。とすると、どの仕事に就いても覚える部分の「アプリ」は少ないから、あとは「OS（人間力）」で勝負できる。結果、できる人は事業間を異動しても、半年程度、業務知識を習得すれば、その後また、トップレベルの数字を残していけます。

　楽天などのEC企業も同じように多事業展開していますね。

　そして、中途採用も存分に行えます。業界・職務未経験者もどんどん採用します。途中から入っても１年もすれば、必要な知識は身につけられ、あとは、人間力で勝負できるからですね。そういう意味では、30歳でも40歳でも未

経験者の中途採用は可能なのですが、現実的には20代中盤までが採用の上限になることが多いでしょう。その理由は、二つ。まず年功給部分が薄いため、年齢が上がると、初任給時点で他社との差が小さくなること。二つ目は、後述しますが、トップクラスの人間の昇進が早いため、ともすると、入社時点で年下の上司に仕えることになってしまうこと。今でも多くの日本人は年下上司が苦手なんです。この二つの理由で、TypeBの企業の中途採用は、27〜28歳が上限となる場合が多いでしょう。

## 結局、上も下もなかなか定着しないTypeB企業

続いてTypeB企業のキャリア設計ですが、何度も言うように、ここでは入社2〜3年目でトップになるスターが現れます。彼らは社内で別事業に異動しても好成績を残し続けます。もちろん、会社としては辞めてほしくないために、表彰・昇給・高額賞与などを頻繁に与えるでしょう。ただ、深みのない事業のため、いくら表彰・昇給・高額賞与で褒賞しても、倦怠感が生まれ始めます。そうした人たちは、「もっとチャレンジできる世界へ」と独立や、より儲かる（例えば外資生保とか）企業などに羽ばたいてしまうことになる。

それを防止するには、役職を与えて、経営への階段を上らせるのが一つの方法です（ただし、経営よりも業績にこだわる人も多いため、必ずしもこれでリテンションできるわけではありません）。

こうして、早期昇進者が一定の割合で現れます。20代後半でマネジャー、30歳そこそこで部長、30代前半で執行役員というスター社員があとを絶たないのは、こうした事情によるところです。

一方で、すでに説明した通り、そこそこの人には「居てもらってももらわなくてもどちらでもよい」といった自主性に任せる管理となります。彼らには、社内異動で多能化をして、どこに欠員が出ても補えるようなバイ・プレイヤー育成が施されますが、それでも、残る残らないは本人に任せる、といった感じになるでしょう。なぜなら、新規採用も育成も困らないのだから、彼らが辞めることで、「新たな原石」を新規採用できる可能性があるからです。

さて、その続きで言えば、下位2割程度の業績の悪い人たち。彼らには、

育成期間にしっかり教育をし、それでもダメな場合、「向いている新天地」を探すことを暗に示唆します。決して能力がないのではなく、今の会社に向いていないだけのことなのです。他にいくらでも向いている企業はあるでしょう。

　このようなマネジメントの経営合理性が高いために、企業規模が大きくなっても離職率はそこそこ高いまま、という状態となります。

# Section 21 重厚長大企業が「新たな血」を 受け入れる方法

- 昇進の早い「TypeB」に続き、知識や経験の積み上げが重要な
- 「TypeA」の人材管理について考える。年功昇給を大きくし、長期勤
- 続を促すのが定石だが、中途が入り込みにくいことが課題。そして「ど
- ちらもそこそこ」の「TypeC」は、さらに3タイプに分かれる。

　事業によって「キャリアの形」が変わってくるという話を続けます。

　前節のTypeB企業に続いて、ここでは、最も日本型と思われるTypeA企業の人事管理を考えることにしましょう。

## 業績が倍増するなら給与も大幅アップできる

　例えば、原子力発電のプロジェクトリーダーを任せる、と言われても今日明日でできるようにはなりませんよね。同じように、大手企業のファイナンスなども一朝一夕にできるわけがありません。

> **Q33** なぜメガバンクや総合商社はどんどん給与が上がるのでしょうか?

　メガバンクや総合商社の仕事はすべてTypeAのキャリアとなり、知識や経験を積み上げることによって、難しい仕事がこなせるようになります。経

験に応じて、売上高や管掌規模が拡大するのがその特徴と言えるでしょう。ここには大手メーカーや総合商社、銀行などの重厚長大産業が入ります。

　銀行を例にすれば、融資する相手を、個人→中小企業→中堅企業→大企業と社員の成長に応じて変えていくに従って、扱う金額は数倍、時には数十倍にも増える。その間に金融知識も拡充し、当然給与も上がる。こうして、10～15年かけて、一人前に育っていくことになります。

　前述した通り、TypeA企業は、育成した人材が退職してしまうと、同レベルの人材を育てるのに10年以上の歳月がかかります。だから、中途退職が減るように長期勤続型の人事制度が必要となるのです。

　その一方で、階段を上れば上るほど、売上高や付加価値が増えるので、その分給与を大幅に上げても、経営的には問題ありません。そのため、年功昇給を大きくする仕組みを作り、長期勤続を促すことになります。そして、上らせれば上らせるほど会社としてはインカムが増えるため、企業も後続育成に進んで取り組む、という好循環が生まれるのです。

> **Q34** なぜ総合商社やメガバンクの営業職は中途採用が少なかったのですか？

　総合商社やメガバンクでは当然、採用は新卒が中心となるでしょう。途中から入ったとしても、同年代の膨大な知識の積み上げには、追いつけないからです。例えば、メガバンクであれば、入社1～2年の間に簿記、証券外務員資格、銀行資格、ファイナンシャル・プランナーなどの資格を取り、窓販業務で、「融資の基礎ルーティン」を学びます。そのうえで、20代中盤は小規模法人相手に、BS（貸借対照表）の読み方、与信、経営者との応対術などを身につけ、中堅企業では協調融資や長めの手形処理などを覚えていく。こうした積み重ねなしに、30歳で中途入社して、大企業の法人融資を任さ

れても全くついていくことはできないでしょう。

　総合商社などだと、鉄鋼やエネルギー、穀物、金融などの事業部に分かれ、銀行同様にそれぞれが専門知識を積み重ねていきます。なので、30歳過ぎると、社内であっても穀物事業部からエネルギー事業部といった事業部をまたぐ異動は極端に少なくなっていきます。

　「営業」という同じ職務名称のため、右から左に移れそうに思いがちですが、こうした知識積み上げ型の長期育成事業では、それはとても無理です。すでに書きましたが、同じ科学者でも、物理領域の研究者が化学領域に移れないのと同じ、と言えば分かるでしょうか。

## TypeA企業もメインでない職務は中途補充をする

 **Q35** 時折、重厚長大企業が中途採用をしていますが、どうしてですか？

　では、こうしたTypeA企業は中途採用を行っていないのでしょうか。ここが研究者や行政官はじめ、多くの日本人が間違えているところです。例えばトヨタやソニーのような大手メーカーでも、従来から新卒比2〜3割程度、中途採用をコンスタントに行ってきました。メガバンクや総合商社は時期により異なるのですが、それでも多いときは新卒比3割程度の中途採用を行ったりもしています。

　なぜそのようなことが起きるのでしょうか。

　その理由は、まず第一に1章で説明した「ヨコヨコタテヨコ」の社内補充ができない、レアな職務の補強です。例えば、M&A、商品ブランドのコントロール、AI技術、財務スペシャリスト…等々、稀少なスペシャリストは社

内補充ができないために、外から採用せざるを得ません。自動車メーカーを例にとると、その昔はITや塗料、電池関連なども人材層が薄かったために、多数、中途採用を行ってきました。昨今では、大手全体が、30代の「明日の管理職」である女性の採用に力を入れておりますが、こちらも、社内では稀少という意味では同じでしょう。

こうした稀少人材ではなく、メインストリームの職務でも、中途採用は行われています。理由として挙げられるのは、

① （大手メーカーであっても）エンジニアは常時、人手不足で採用ニーズが高い
② 不況により新卒採用が抑制された年代の人員補充
③ モノカルチャー化して硬直した社内に新風を吹かせる

などが大きな理由と言えます（③についてはうまくいかないケースが多いのですが）。

## 「蓄積の壁」を乗り越える採用手法

ただ、TypeA企業は年齢に応じた知識と経験の積み上げが必要な産業で、途中から加わるとその蓄積の壁に突き当たり、ついていけないとすでに書きました。この「蓄積の壁」を乗り越えるような採用手法とはいかなるものか。これを詳しく書いておきます。

ここに、雇用やキャリアの一つの法則が見いだせるので、「人事の組み立て」としては大きなツールだと心してください。その極意は「蓄積の壁」が薄い人材をどう探すか、にあります。年代別に考えてみましょう。

まず、新卒1〜2年目は、多くの大企業は「雑巾がけ」として社会人経験を積ませることを第一義にしています。この時期は、正直、どこの企業でも「社会人としての洗礼を受けていればいい」ということになる。そこで、超若手採用は、「社会人であればあまり経験を問わない」という方式となる。これが俗に第二新卒採用と呼ばれるものです（ただ、1〜2年目でも「蓄積の壁」がかなり厚い銀行や商社は第二新卒採用をあまりやりません）。個人

**201**

キャリアの側から見れば、この時期までは、未経験の業界・職種にチャレンジできる可能性があると言えるでしょう。

　次に、20代中盤となると、仕事もそこそここなせるようになっています。「蓄積の壁」もだいぶ厚くなっているので、中途採用をするなら少なくとも同職経験者、という絞られ方がされます。ただ、業界が異なってもかまわないというケースはまま見られます。逆に職種は異なってもいいけれど、同業界の経験者というケースもあります。つまり、業界か職種のどちらかが同じであることが条件となります。この時期を人材ビジネスにおいては、「素養系採用」「素養系転職」などと呼んでいたりします。

　個人キャリアの観点から言うと、この時期までであれば、職種か業界のどちらか一つなら変えることが可能となります。

　20代後半になると、もう職種変更はかなり厳しいでしょう。業界については、ドンピシャでなくとも、周辺産業・関連産業であれば採用されることが多いです。個人のキャリアとしては行ける範囲がだいぶ狭まってきましたね。

　そして30歳前後になると、同業同職内での採用しか通用しなくなります。

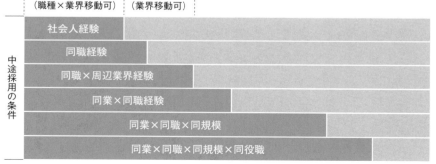

**TypeAの職種、業界変更は年齢とともに難しくなる**

**積み上げ型（TypeA）の中途採用**

| 22歳 23歳 24歳 25歳 26歳 27歳 28歳 29歳 30歳 31歳 32歳 33歳 34歳 35歳 36歳 37歳 |

第二新卒（職種×業界移動可）　素養系（業界移動可）

中途採用の条件

- 社会人経験
- 同職経験
- 同職×周辺業界経験
- 同業×同職経験
- 同業×同職×同規模
- 同業×同職×同規模×同役職

この時期の補充は、小規模企業や取引先など「近い」関係からの採用が増えていきます。個人のキャリアから見ると、「業界内で中小企業から大手に行ける」「サプライヤーから最終メーカーに行ける」チャンスとなるでしょう。

　そこから先、30代前半だと「同業×同職×同規模」、30代中盤だと「同業×同職×同規模×同役職」とどんどん絞られていきます。

　TypeA企業だと、こんな感じでターゲットは絞られていき、30代後半では（前述の稀少職を除くと）メイン領域で中途採用はほぼ行われなくなります。

## 日本にはびこるTypeAの人事制度の呪縛

　長く人材ビジネスに携わってきたので、こうした「中途採用の法則」がありありと分かるのですが、実は日本の場合、TypeBやTypeCの大手企業でも、このTypeA向けの法則を、暗黙の了解にしているケースが多いのではないか、と感じています。

　いや、採用のみならず、給与処遇などもTypeAのマイルドコピーとしている大手企業が多すぎるでしょう。積み上げ要素よりも個人特性が重要なTypeB企業では、年功給をやめて初任給を上げる方が人事効率は高い。TypeC企業でも販社のように大手の冠で採用にそれほど困らない場合は、長期勤続バイアスを強くする年功給よりも、やはり初任給を上げた方がよいのです。

　そして、TypeB、C企業の採用は新卒偏重にする必要はなく、また「中途採用の法則」とも関係ない、もう少し自由な人材補強をすべきです。身内自慢のようで少し気が引けるのですが、私がいたリクルートは、明らかにTypeBであることを自覚し、TypeAの呪縛から早々に解放されて独自の人事制度を敷いているから、採用もうまくいくのだと思っております。

## 大手グループの販社には人事制度変革の余地あり

　さて、キャリアの形、最後はTypeCについてです。

前節の復習も兼ねて書くと、このキャリアタイプを持つ企業には、

① 定型的な業務を続ける仕事（保険の査定員、銀行の窓販、ヘルプセンター、ルートセールスなど）
② 強力な製品力やブランドがあり、誰が売っても大差なく売れる企業（大手メーカーグループの販売子会社など）
③ 諸事情ある中小企業

が入ります。

　まず①ですが、こちらは今でも中途採用が主流となり、出入りが激しいという特徴があります。事業効率を上げるためには、出入りが起きても業績に響かない体制作りが重要でしょう。そのためには、教育マニュアルの充実、トラブルへのエスカレーション体制の充実などにぬかりのない企業が成功しています。人事制度的には、現場スタッフのうち、優秀な人をスーパーバイザーへと引き上げ、教育やトラブル対応のプロに育てると同時に昇給を行うことがポイント。

　②の販社は、大手の冠があるため新卒でそこそこ採用がうまくいきます。ただ、社内の重役には親会社からの天下りが多くなる。つまり、新卒採用しても、天井が低いため他に流出しがちです。そこで、将来有望な社員などは、30歳くらいの早期に親会社へと逆出向させ、その後の成長を見て、転籍させるコースを作るのがよいでしょう。そのことで、「販社からも親会社に行ける」という一つの「花形コース」ができ上がります。そして、彼らが重役として舞い戻るキャリアパスなどを作るのもよいでしょう。

## 里山としての中小企業

　さて、TypeCの最後は③の中小企業です。おさらいとなりますが中小企業がTypeCになる理由は①そもそも深い事業ノウハウがない、②ノウハウや事業の強みは社長に集中し、後続育成に手が回らない、③年齢・素性様々な人が入社するので、階段を高く設計できない、④経営者の意向（権限の独

占）で社員の成長を望まない、の4種別がありましたね。繰り返しになりますが④に該当する企業に対しては人事施策を示唆するつもりはありません。その逆で、社員の成長を望み、しかも②のように事業ノウハウもあるのに、育成が弱点となっている企業に対しては、キャリアの階段作り（次節）を示唆して、TypeAもしくはTypeBへの移行を支援します。

　残った①と③の企業ですが、私はこうした企業は、そのままの形である一定数日本に存在し続けてほしいと思っています。敷居が低くて、どこから誰でも入れる企業。年収はそれほど高くなく、キャリアの発展性も少ないかもしれません。ただ、こうした企業が、就職氷河期世代の未就業者や、大手をリストラされたミドル層、もしくは高齢者や女性など「弱者」の受け皿となってきました。日本型の問題を救ってきた存在です。街と山野の端境の里山が人心を癒すのと同様に、社会にはこの手の企業が必要となります。彼らの経営を支えるために、行政は一役買うべきだと思っています。それも、「一皮むかず」そのままの姿で。

　例えば農業は、単に国民への食糧供給という役割だけでなく、農地を残し農耕を行うことで国土を保全する、という一面もあります。そこで、国は生産性では国際競争力に乏しいこの産業を保護しています。同様な意義を、日本の中小企業保護にも見いだすべきでしょう。

# 育成の基本は「成長の階段」を作ること

> 育成の基本は易しい仕事を寄せ集めてやらせて、できるようになった
> ら、少しずつ難しくしていく「ゆでガエル」方式。ところが成長のた
> めに「よかれ」と思って難しい仕事をさせようとしても、若手社員が
> 嫌がることも。パワハラも問題視される昨今、どう対応すべきか。

　前節までで「採用」については終わりです。今節からは本書の総仕上げとなる「育成」を取り上げます。

　育成について、考えることは二つです。

① ボトムアップ（全員一律の底上げ教育）
② トップエクステンション（優秀層の幹部教育）

　欧米では、入り口から「エリート」と「ノンエリート」に分け、前者にのみ①と②を手厚く施す、というスタイルをとっています。元々できる人たちで、しかも向上心旺盛なタイプが修学を通じて選抜されているから、①の期間はそこそこ短く、早期から②に移るというシステムに帰結します。それ以外のノンエリートは自助努力で這い上がる以外なく、多くの人がキャリアの階段を上れず滞留していく。こうした「階級分化」については、もうくどいほどに書いたのでよく理解できたでしょう。

　社会や雇用の全体システムを知らない場合、木に竹を接ぐ形で、欧米型の育成スタイルを取り入れようとつい無駄な努力をしてしまいます。この本を読んだ人たちは、もうそんな過ちはしないでしょう。

　本書では、日本の雇用システムに合っている方法で、しかも、自社の「キャリアの形」にも齟齬がないような育成メソッドを考えていきます。

## 仕事は研修なんかじゃ学べないという事実

　まず、日本社会で考えると、多くの若者が新卒社員として未経験のまま入社してきます。それも、例えば銀行であれば法学部や教育学部といった全く専門違いの学卒者を時には1000人も受け入れています。それが、10年もするとあの難しい大手向け法人融資をこなしています。どうして、こんな離れ業ができるのでしょうか。

> **Q36** 「人材育成がうまい」とは、どのような企業を指すのでしょうか？

　実社会を知らない人たちは、よく「教育研修が整っている」ことが人材育成のポイントと語ります。大学の就職部の職員や、教育学もしくは社会学の研究者などもそんな話をします。でも、研修や講習で実務などあまりうまくなりませんよね。それは研究者や大学職員がご自身のキャリアを振り返ればすぐに分かることでしょう。

　同様に、営業とか採用、はたまた労働組合対策など、いくらロールプレイング研修をこなしても、上達などできません。

　実際、ローミンガーというアメリカの人事コンサルティング会社が行った調査からは、研修などのOff-JTにより培われた職業能力は全体の1割以下だという考察がなされています。この調査によると、最も職業能力を伸ばしてくれたものは、「仕事」でありそれが7割を占めています（残りの2割は上司・周囲の薫陶となります）。これは日米で差はなく、キャリア育成の鉄則と言えるでしょう。

　実は、公的な職業訓練が盛んな欧州でもその実情はあまり変わりません。フランスのCFAという職業訓練を見ると、現在の職業教育の基本は、「企業

での実習」がその中心となっています。このCFAの卒業生にとったアンケートでは、なんと64.2%が「プログラムの中でOff-JTを受けていない」と答えています。のみならず、企業実習中でさえ「体系化された教育は受けていない」という声が19.6％も寄せられています。よく、「日本はOJT主流でしっかりした研修がない」と言われます。が、欧州の職業訓練でも中身は大差ないところなのでしょう。

## 職業教育の秘訣とは「ちょっとずつ難しくする」

さて、ではこのOJT型の職業教育を成功させるポイントとは何でしょうか？　これも、6節ですでに書きました。周囲からやさしい仕事を寄せ集めてやらせて、できるようになったら、少しずつ難しくしていくという「ゆでガエル」方式。そう、ちょっとずつ、ちょっとずつ難しくしていくと、いつ

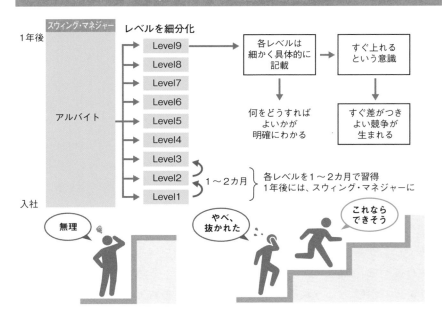

の間にか高みに上れています。

　例えばマクドナルドでは、生まれて初めて働く高校生、長らく子育てをしていた主婦、会社を退職したシニア層などなど、多様なアルバイト社員が入社します。彼・彼女らを2年でスウィング・マネジャー（副店長）にまで育成することが一つの目標。その間には約10のステップがあり、1〜2カ月で一段上れるように設計されています。このくらいのステップだと、頑張った人は、入社時期の近い先輩を追い抜くことも可能です。そうした「追いつ、追われつ」の関係が成長に拍車をかける…。そう、ちょっとずつちょっとずつ、を実にうまく設計しているのです。

## キャリアの形に合わせて、成長期の長さも決めること

　では、このボトムアップ期間はどのくらいに設定すべきでしょうか。

　その答えこそ、「キャリアの形に合わせる」になります。TypeAの企業では、一人前に育って大きなプロジェクトをこなせるようになるまで、10〜15年かかるでしょう。その間は、ボトムアップ期間に設定すべきです。対して、TypeB・TypeCの企業では、2〜5年で十分でしょう。

「キャリアの形」に応じたボトムアップ期・トップエクステンション期

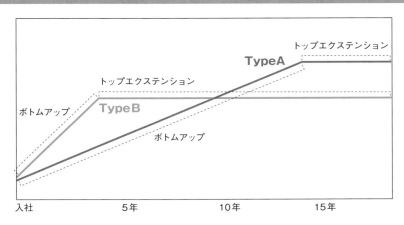

このボトムアップを過ぎた後に、トップエクステンションを行うのが育成として最適と言えます。TypeAの企業であれば32〜35歳くらい、TypeBであれば、25〜28歳くらいとその開始時期は大いに異なることになりますが、明らかにキャリアの形が異なる企業なのだから、他社の「早い遅い」はあまり気にする必要はありません。

## なぜ部下に「No」と言えないのか？

　さて、ここで育成に関しての大きな問題を考えてもらいます。

　成長のために「よかれ」と思って難しい仕事をさせようとしても、若手社員が嫌がるということがあります。昨今、パワハラも問題視されるなかで、若手社員の自主性を尊重し、「やりたい仕事をやらせてあげる」ことが正解と見なされがちですね。それで、本当に社員は育つのでしょうか。以下の問いを考えてみてください。

**Q37** チョコが大好きで、チョコばかり食べたいというわが子（5歳児）に対して、あなたは何と言いますか？

こういう質問をすれば、誰もが「好きなものばかりじゃなくて、夕飯をしっかり食べなさい。小魚や牛乳も摂るのよ」と注意すると思うのです。なのになぜ、若手社員には「好きなことばかりじゃなくて…」と言えないのでしょう。

この違いはお分かりですか？

親がしっかり子供を叱れるのは、「その年齢に応じて必要な栄養素が分かっており、食べるべき食材も見えている」からですね。例えば、幼少期にやせすぎなら「お米をもっと」、小学生でアレルギー発作が出たら「野菜をもっと」、中学生で運動部に入ったら「お肉をもっと」、大学生で一人暮らしをしているなら「ミネラルをもっと」など、成長のステージに応じて不足するものが見えているから、本人の好き嫌いとは関係なく、正しいサジェスチョンができるのでしょう。

つまり、成長の階段が見えていれば、育成・指導は明解に行えるわけですね。

そう、なぜ上司が部下を指導できないか、という根源には、「企業の中に成長の階段ができていない」という問題が往々にして存在します。逆に言う

## 子供の成長に必要な栄養素は分かっている

|  | その時期に培うべきこと | 必要な栄養素 | 適する食材 |
|---|---|---|---|
| 大学 | 生活リズムを整えること | ミネラル | 海藻・ナッツ・発酵食品 |
| 高校 | パワーや体力を培うこと | たんぱく質 | 肉・魚・豆 |
| 中学校 | 骨格をしっかり育むこと | カルシウム | 牛乳・小魚 |
| 小学校 | 体のバランスを整えること | ビタミン | 野菜・果物 |
| 幼少期 | 体を大きくすること | カロリー | 穀類 |

（成長の階段）

しっかり成長の階段が見えているから、
時宜に応じた「必要栄養素」が分かる
会社でも、「成長の階段」が見えていれば、育成に困らない

## 持続的に成長する企業には成長の階段がある

| | 銀行 | メーカー | 総合商社 | | 流通 | 飲食 | 経理 | |
|---|---|---|---|---|---|---|---|---|
| 30代後半 | 上場企業向けファイナンス | 代理店管理チャネル統括 | 海外大規模プラント入札 | 4年目 | 店長 | 店長 | 4〜5年 | 本店会計 |
| 30代前半 | 中堅法人営業CP/手形/直金 | 代理店管理地域統括 | 海外勤務プロジェクト担当 | 3年目 | 副店長 | 副店長 | 2〜3年 | 本店会計 |
| | | | | | | | 1〜2年 | 支店会計 |
| 20代後半 | 中小法人営業与信・BS把握 | 代理店管理車種別SV | 国内中小案件アシスタント | 2年目 | 売り場責任者 | 時間帯管理者 | 6〜12ヵ月 | 経理事務 |
| 20代前半 | 住宅ローン個人営業 | 販社に出向個人営業 | 管理・事務系デスクワーク | 1年目 | 商品管理者 試用期間 | 試用期間 | 入社〜6ヵ月 | 口座管理 |

と、この階段がしっかりできている企業は、スムーズに若手を育成することができるのです。

次頁に上げる図で示したように、持続的に成長を続ける多くの大企業は、この階段が実にうまく作られています。そのため、パイプラインのように若手を次々と育てていけるのです。

よく、「うちの会社は管理職が部下を育てられない」もしくは、「うちの社員はやる気がない」と、育成がうまくできないことを管理職や部下の責任と考える経営者がいます。そうしたときに改めて私は彼らにこう問います。

**「会社の中に、成長の階段が、しっかり作られているのですか?**

　**上司の力量や部下のやる気のせいにせず、**

　**まずは成長の階段をしっかり作ってください」**と。

## 階段を上ると、付加価値も高まるように設計する

では、この階段はどのように設計すべきでしょうか。

よく、非営利団体などでは、意味もなく昇級試験を課し、単に「難しい専

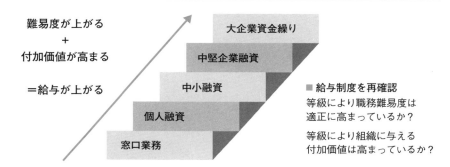

難易度が上がると付加価値も高まるように階段を設計

難易度が上がる
＋
付加価値が高まる

＝給与が上がる

大企業資金繰り

中堅企業融資

中小融資

個人融資

窓口業務

■ 給与制度を再確認
等級により職務難易度は
適正に高まっているか？

等級により組織に与える
付加価値は高まっているか？

門知識を知っている」ということだけで、昇級・昇給がなされることがあります。でもそんなことを続けていくと、経営的には困ったことが起こります。

　使いもしない難解知識の塊のような人が、組織を束ねているのです。彼にはマネジメント力はなく、しかも、持っている知識ではお金も稼げません。にもかかわらず高給を支払っていたら、会社は経営に窮するでしょう。だから、こんな階段は絶対に設計してはいけません。

　階段を上ると、難易度が上がるとともに、付加価値も高まる。例えば営業であれば売り上げが増える、エンジニアや商品開発ならプロジェクト規模が拡大する、はたまた人事や経理なら管掌範囲が増える、などをもって「付加価値が高まる」と考えるとよいでしょう。

　こうした設定をしておけば、若者たちに階段を上らせると、企業は自ずから「儲かる」ことになります。儲かれば当然、「給与を上げても」問題がなくなります。これは至って健全なサイクルですね。上らせる→儲かる→給与が上がる。会社も社員も喜ぶ関係なので、こうして、上司にも本人にもひいては会社全体にも「成長を前向きに受け止める」風土が広まります。

　再度書きますが、自社のキャリアの形に合わせて、この階段をしっかり設計してください。

## 「高みに上る、階段を作る、後続を上らせる」の
## 三位一体経営

さて、ここで、経営・人事・現場の役割分担について触れておきます。

経営が目指すべきことは、「もっと儲かる」高みに上ること。ただし、一部の人たちだけが高みに上ったとしても、事業の継続性は保証されず、何より会社全体が儲かる仕組みにはなりません。そこで、誰かが高みに上れば、後続

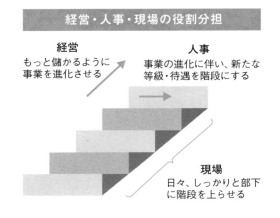

経営・人事・現場の役割分担

**経営**
もっと儲かるように
事業を進化させる

**人事**
事業の進化に伴い、新たな
等級・待遇を階段にする

**現場**
日々、しっかりと部下
に階段を上らせる

がそこまで上れるような階段を設計することが必要になります。この役割を人事が担うのです。

そして、階段が整えば、現場の管理職が部下にそれを日々上らせる。この三位一体が成り立ってこそ、「育成がうまい」会社となるのです。

## 人事は栄養士、上司は調理士であれ

さて、では現場の上司たちは、部下を育成するときに何を念頭に置くべきか。パワハラと言われるのが怖くて部下の言いなりでは、育成はできません。かといって、無理やり嫌な仕事を押し付けたら、それも成長を阻害するでしょう。

ここでまた問題です。

**Q38** あなたの子供は、たんぱく質や鉄分が足りず、青い顔をしています。何とかお肉を食べさせたいのですが、子供はかつてお肉の筋が喉につかえて嫌な思いをしたので、拒否します。さあ、どうしますか?

これなどは、よかれと思って与えた仕事を嫌がる部下と同じでしょう。

こんなとき、親だったら子供が食べてくれるように色々と工夫をしますよね。例えば、ひき肉でハンバーグを作れば食べてくれないか。そういえば目玉焼きは好きだから、それをのせてみよう。つい食べたくなるよう、キャラ弁にしちゃおう…と。

結果、自ら食べたいと言わせる。これが、親としての役割なのです。

必要な食材は分かっている（＝人事の作った「成長の階段」）。あとはその食材を料理する名調理士になって、子供たちに思わず「食べたい」と言わせ

**人事の役割は栄養士、上司の役割は調理士**

食べたくなるように料理して示す

お肉
嫌い〜

必要な食材を「食べたくなるよう」に料理して、
自ら「食べる」と言わせるのが、上司

**215**

るのが上司の役目。上に立つ者は、料理の腕を磨くべし。良きリーダーは、仕事の面白みやコツなどを上手に部下に見せるべきでしょう。

　何度か書いてきましたが、TypeCの中小企業の場合、三位一体経営、成長の階段作り、そして現場上司の調理師免許、この3つをそろえること。そこから飛躍的な成長が望めます。

# 30年間空回りした
# リーダー育成論争に終止符を

全員一律の底上げは得意だが、リーダー育成が苦手と言われる日本
企業。30年以上前から問題意識はあったが、一向に改善しない。そ
れというのも「未来を予測して必要な人材像を明らかにする」とい
うそもそも無理な作業に力を注ぎすぎるからだ。

**Q39** 日本は人材育成がうまいのですか？　下手なのです
か？

人材育成の後半は、「トップエクステンション」となります。これは、リーダー候補の人材を見つけて、しっかり育てることを指しますね。日本企業はよく「全社員一律管理での底上げ教育は上手だけれど、リーダー育成は欧米にはかなわない」と言われます。

**人材育成の後半はリーダー育成が課題**

成長期＝日本型ボトムアップ
停滞期＝欧米型リーダーシップ開発（LDP）

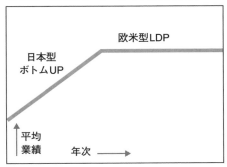

## 日本企業の得意な部分、へたくそな部分

1章で取り上げた、90年代の論議をもう一度見てみましょう。

「現代は先が読めない、混迷の時代なんですね。いままでのビジネス・リーダーというのは、過去のトレンドをベースにして、将来予測の引き出しがうまい人が成功してきたわけです。（中略）この混迷の時代にビジネスを自ら切り開いていくには、過去のトレンドだけでは難しいと思いますね。こういう時代にはトップ自らがビジョンを示して引っ張っていく強力なリーダーシップが必要であって、経営もトップ・ダウンがベースになるだろうと思います。従来の"おみこし経営"や猿山のボス的なリーダーでは駄目なんですね」（三井物産／人事部能力開発室長）

「過去の成長性が高かった時代には、放っておいても日が当たって、外の風に吹かれて、自然に人材が育ったんです。でも、もはやそういうことはあり得ない。これからはリーダー候補を見つけてきてリーダーを育成する人事システムが必要になってくるのではないでしょうか。従来の育成体系の中のリーダー育成とは別に、ビジネス・リーダーを育成する人事システムを別建てでつくる必要がある」（ソニー人事課長）

「早い段階でいかにビジネス・リーダーの資質のある人を発掘していくか、ここがポイントになる」（本田技研工業／人事部主査）

「まったく同感です。私はその時期は30代前半かなと思っているんです」（ソニー人事課長）（『人材教育』1995年5月号より）

どうです？　欧米的な早期選抜への憧憬が空回りする状況は、寸分、今日と変わらないのが見て取れるでしょう。

こうした30年ひと昔の状況がありありと分かるのが、経産省が2017年3月に発表した「戦略的人材育成ガイド」です。ここにはバブル崩壊直後に直輸入された欧米流リーダーシップ開発（LDP）が時をワープしてそのまま載せられています。骨子を簡単にまとめると以下のようになります。

1. 経営人材の明確化→今後の事業を考え、必要なリーダー像を決める
2. 人材プールと育成計画→候補人材をプールし、育成委員会で育成計画を

立て、育てる

3. 成長促進ⅰ）→実務上での成長ソリューション

4. 成長促進ⅱ）→実務を離れた成長ソリューション

　なぜ、これだけのことが30年間、具体的な人事施策として実装できなかったのでしょう？　そこを考えないと、またこの先30年も同じことになってしまうことに気づいてください。

　順を追って説明していきます。以下、図中のノンブルと照合しながら、見

## 欧米流の戦略的人材育成

### 経営戦略

**①経営見通しの確定**

10年後、どのような経営環境に置かれているか、詳細に分析する

**②人材像の確定**

将来の経営環境から逆算して、必要となる経営人材像を確定

**③必要要素の確定**

将来の経営人材が備えるべき能力・人物要素を確定

**④必要経験の確定**

経営人材の能力・資質を磨くために必要な職務・ポジションを確定

### 成長促進

**ⅱ）Off-JT**

■専門的スキル

■人物面
<awareness（気づき）>
→対話型アセスメント
→ダイアローグ
→コーチング

■素養面
<executive expense>
→所作・作法・振る舞い
→表現力と傾聴力
→実務教養（金融・政治・外交・地理・歴史）
→基礎教養（文化・芸術）

**ⅰ）OJT**

■ホットエンジン
→課題・コーチング・定期レビュ

■タフ・アサインメント
→重要ポストに計画的任用

### 人事管理

**①タレントマネジメントDB**

優秀層人材のプールを作り、個人ごとに能力・職務履歴・志向を管理

**②育成委員会**

プールされた人材の選抜・育成を全体最適で考える育成委員会を設置

**③早期選抜**

育成委員会で次世代リーダー候補を選抜

**④タレントパネル**

候補人材を定期レビューし、能力の過不足、育成のための処方を考える

ていってください。

## 将来設計は時間をかけずに！

**Q40** 将来を見据えた人材育成と言いますが、将来はどう予測すればよいのでしょうか？

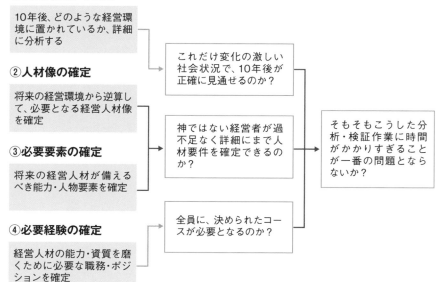

欧米流の戦略的人材育成の問題点

**①経営見通しの確定**

10年後、どのような経営環境に置かれているか、詳細に分析する

これだけ変化の激しい社会状況で、10年後が正確に見通せるのか？

**②人材像の確定**

将来の経営環境から逆算して、必要となる経営人材像を確定

**③必要要素の確定**

将来の経営人材が備えるべき能力・人物要素を確定

神ではない経営者が過不足なく詳細にまで人材要件を確定できるのか？

そもそもこうした分析・検証作業に時間がかかりすぎることが一番の問題とならないか？

**④必要経験の確定**

経営人材の能力・資質を磨くために必要な職務・ポジションを確定

全員に、決められたコースが必要となるのか？

　まず、「1.経営人材の明確化」ですが、コンサルタントや研究者が加わると、この部分にやたらと時間をかけてしまいます。とにかく、詳細に精緻にと力を注ぐのですね。ただ、実はここにはあまり力を入れても意味はありません。

　例えば、218頁の図中の「①経営見通しの確定」に関してだと、これだけ変化が激しい社会状況で、10年後が正確に見通せるわけがありません。同様に「②人材像の確定」や「③必要要素の確定」とて、神ではない経営者が過不足なく詳細に人材要件を確定できないのは火を見るよりも明らかでしょう。「④必要経験の確定」については、全員一律な経験など不要です。ここも「日本型一律育成」の頭で考えることが問題でしょう。

　そして何よりも、ここまでの分析・検証に時間がかかりすぎることが一番の問題です。結果、計画が大幅に遅れ、策定に関わったメンバーは「大仕事を終えた」満足感を得てしまうのです。

## コンテクスト＝大筋を決めればそれでOK

　では、LDPで名のある企業はどのように「経営人材の明確化」を進めているのでしょうか。ここではリーダー育成で定評があるGEの手法を参考にしてみましょう。

　まず、リーダーには普遍的に必要な要素があります。これはいつの時代・どの会社でも変わらないような要素ですね。ここを決める。一度決めれば、いつまでもこの要素は変わらないので、後々、楽になるでしょう。続いて、自社が普遍的に大切にす

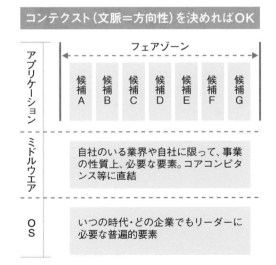

コンテクスト（文脈＝方向性）を決めればOK

ること。「○○Way」とか「○○Sprit」などといったものですね。俗に会社にとってのコアコンピタンスなどと呼ばれる要素となります。それを維持・強化するためには、どのような経営人材が必要かを考えます。こちらも、一度決めると、けっこう長く使えるものとなるはずです。多事業が集積されたような大きな会社であれば、事業部別に必要な要素を設けるのもよいでしょう。

そして最後に、今後（近い将来）どのような要素が必要になるか、という話。いよいよ先ほどの「経営人材の明確化」ですね。ここに関しては、超骨太な方向性を決める。それだけにとどめる代わりに、そのルールは鉄則とするということです。例えばGEは、2000年代中盤くらいに、今までの「牽引型」リーダーでは事業の端々で起きる小さな胎動に気づけないという問題が浮き彫りになりました。そこで、これからのリーダーは、「汲み上げ差配型」に変えたそうです。隅々の情報を吸い上げ、最適にジャッジするタイプですね。これを黄金律とする。それ以外はフリーなのです。この潮流の大きな変化をGEでは「コンテクスト（文脈）」と呼んでいるそうです。つまり、将来を見据えてメガトレンドを読み込む、という作業。これが大切なのです。

## 大筋は外さす、個性を尊重。それがリーダーの多様性を生む

さて、なぜ、これで事が足りるのでしょうか？

答えは簡単。だって、10年後が詳細にどうなっているかなんて分かるわけないからですよ。ただ、先ほどのGEの話ではないですが、「大まかな方向性」だけは間違いない。そして、コンテクストだけは守る。そのフェアゾーンの中で、あとは色々な個性のリーダーが育てばよい、と

多様性と骨太な方向性で将来設計

大まかな方向性（コンテクスト）を決め、その中で個性に応じて育成する

正しい方向性の中で、多彩な人材が育つ（多様性）

10年後に、環境にピッタリな候補を選ぶ

➡育成計画作業の大幅短縮と
不測の環境変化対応力を増す

考えるのです。その結果、10年後に思ってもみないような社会変化が起きたとしても、多様なリーダーが育っているから、その中の誰かが対応できるでしょう。こうした多様性と、骨太な方向性の二つで将来設計を行うわけです。

ちなみに、GEには「リーダーは100％オーガニック（天然・自然）」という言葉があります。これなども、型にはめず、本来の姿＝個性重視の育成を表しています。精緻に設計した人材像に沿って型にはめたリーダー育成などは、百害あって一利なしだと私は考えています。

## 実務も理論も、精緻派と生々流転派に分かれる

ここまでで、今までのLDPがうまくいかなかった問題点がだいぶ分かってきたのではありませんか？

実は、経営学の世界も、「きっちり精緻に決める」（Static）派と「アウトラインを決めて流れに任せる」（Contingency）派に分かれています。例えば、MBAの教科書としてよく使われるマイケル・ポーター氏などは前者、一方、実務家に愛されているジェフリー・フェファー氏や野中郁次郎氏などは後者、と私は勝手に分類しています。勝手ついでに言わせてもらうなら、ポーター氏などはキャッチアップや白地潰しなどの「後ろ向き経営」に強く、野中氏やフェファー氏は、生々流転の中で斬新な想像をする「前向き経営」に強いのではないか、とも思っています。

## エグゼクティブ育成コースは時代・企業を問わず大体同じ

**Q41** タフ・アサインメントって何ですか？

　続いて「④必要経験の確定」ですが、こちらは3.ⅰ）にある「タフ・アサインメント」とあわせて考えることにしましょう。

　優秀なリーダーに必要な、知識や経験の蓄積、人脈作り、人格を磨くことなどに役立つようなポストというものがあります。リーダー候補にはそういう「重要ポジションを経験させる」というのがこの項目の主意となります。

　ここでも、「どのポジションを経験させるべきか」「どの順番にすべきか」などと精緻に考えすぎるきらいがあります。そして、やはりというべきなの

---

### タフ・アサインメントの考え方

#### タフポストは標準的なものでOK

| | |
|---|---|
| 海外法人 | 社内システム開発 |
| 新事業立ち上げ | 業界・政治交渉 |
| 不採算事業の整理 | グループ企業社長 |
| 内勤/営業の連携 | 社外出向 |

#### プレタポルテ（既成仕様＋特注）型任用

①全員一律ではなく、当人の長所短所に応じ、任用ポストを取捨選択する

②異動ではなく、プロジェクトやタスクフォースなどを交え、能力形成に必要な試練を最適に与える

ですが、「全員一律に」という考え方が出てくる。

　ただ、どの会社、どの時代でもリーダーとして一皮むける体験ができるポジションにそうそう違いはありません。海外法人や新事業の立ち上げ、不採算事業の整理、内勤と営業（もしくはエンジニア）の連携、社内システム開発、業界・政治折衝、グループ企業社長、社外出向、ざっとこんなものでしょう。あとは自社特有の事情で入れるべきポストを数個加えれば、それでおしまいでよいのではありませんか？

　全員一律も不要でしょう。個人の特性に応じて、強化すべきポイントに絞って、それに合うポジションを与えればいい。ポストでなくとも、プロジェクトやタスクフォースのようなものでもかまいません。任用の順番などはもう言わずもがなでしょう。

　結局、「精緻に」「一律で」と考えることが、どの場面でもLDP策定するデッドロックになっていると言えそうですね。

## まったくできていないエグゼクティブの**Off-JT**教育

**Q42**　日本のエグゼクティブは世界で通用しますか？

　「成長ソリューション」に話を移しますが、前段までの「精緻と一律」で策定が滞ったおかげで、この段階の施策は本当にお寒い企業が多いです。それも、お飾り的なモノマネが多く、必要なことが全く入っていないケースがまま見られます。

　以下、簡略に書いていきます。

## ■ 専門的スキル

経営者として最低限必要な知識として、財務とマーケティングについては徹底的に鍛えるべきでしょう。何はさておき、この二つに絞って今すぐ対策を打ってほしいところです。

## ■ 人物面

これからグローバルなビジネスをするうえで、日本のエグゼクティブが著しく劣り、今すぐ改善すべきポイントは次の二つです。

### ●「聞く」

欧米のエグゼクティブは、下位者といるときは、なるべく語らず「聞く」に徹します。それも相手を和ませ、うまく話を引き出す術を徹底的に叩き込まれます。一方日本の重役は、話好きが多く、宴会などでは独壇場になる人が非常に多い。この点は大いに改善が求められるべきでしょう。

### ●「話す」

スピーチなどで原稿を読んだら一発アウト！ アジア諸国でもエグゼクティブは基本、そらで話すのに、日本人だけは、政治家に至るまで原稿を読みます。そのため、海外からは「Leaderではなく、Readerだ」と揶揄されます。最低でも原稿なしで、可能ならアドリブを盛り込む。これは必須でしょう。

## ■ 素養面

海外の人からは「日本人はスポーツと仕事の話しかしない」と言われます。ビジネス素養として最低でも知るべきこと「金融」「外交」「政治」、プラスして相手国（もしくは赴任地）の地理・歴史までは学ぶべきです。日本に来る海外エグゼクティブは、例えば慰安婦や徴用工の問題などの話題についても非常によく知っています。

欧州に赴くのであれば、さらにプラスして、文化・芸術面まで知識を広げるべきでしょう。

### ■ホットエンジン

これは、Off-JTで学んだことや、サーベイの結果「伸ばすべき」と分かったポイントなどについて、熱意が途絶えないよう、頑張り続けさせる仕組みのことをいいます。コーチングや定期レビュー、同じ立場にある人同士の競争などを交えて、温め続けるのです。

＊＊＊＊＊＊＊＊＊＊＊

いかがでしたか？

30年間空回りしたLDPの立て直しポイントは、次節にまだ続きます。

## Section 24 日本型の人事資産が宝の持ち腐れとなっている

優秀人材のプールを作り、タレントマネジメント・データベースで管理して早期選抜。さらにサクセッションプランで後継者も決めておく――。欧米型の人事管理が日本にも浸透しつつある。だが人事部が早くから優秀人材に目を付け、中途退社も少ない日本で欧米型の人事管理は本当に必要なのか。答えは「要るものも要らないものもある」。

　リーダーシップ開発（LDP）の後半として取り上げるのは「人事管理」についてです。前節で掲示した図をこの部分に絞って再掲しておきます。

　前節の「経営戦略」のパートでは、日本企業が失敗した理由は、「精緻に考えすぎること」「一律で考えすぎること」の二つに尽きると書きました。

　日本企業が「人事管理」で失敗した主因は、欧米と日本の違いを知らずに、向こうの仕組みを直輸入したことにあります。本書の主旨そのものと言えそうですね。この部分について、復習もかねて説明してまいりましょう。

### 欧米流の戦略的人事管理

#### 人事管理

**①タレントマネジメントDB**

優秀層人材のプールを作り、個人ごとに能力・職務履歴・志向を管理

**②育成委員会**

プールされた人材の選抜・育成を全体最適で考える育成委員会を設置

**③早期選抜**

育成委員会で次世代リーダー候補を選抜

**④タレントパネル**

候補人材を定期レビューし、能力の過不足、育成のための処方を考える

## かつて欧米に人材データベースはなかった

**Q43** 昨今、「タレントマネジメント・データベース」がなぜ騒がれるのですか？

　まず、欧米で①のタレントマネジメント・データベース（DB）なるものが近年重要になってきたのはなぜかお分かりですか？

　本書で何度も書いた通り、欧米の人事管理の基本は、ポストであり、人ではありません。ポストの数が末端まで決まり、ポストは職務を表し、ポストで給与が決まります。そのポストに対して、人をどう張り付けるか、それこそ、トランプの札を置いていく感覚なのですね。

　というわけで、古くから欧米の人事システムはポストについてのDBが詳細に設計されていました。誰がいつ就いたかなどがすぐ分かる仕組みです。

　ポストに関しても、「どんな仕事をするのか」が分かるようになっています。それこそ、1970年代まではジョブディスクリプション（職務記述書、JD）がポスト管理の主役であり「どのポストがどんなタスクでできているのか」が明確に示してあったわけです。ところが、ホワイトカラーが主流になってくると、JDがだんだん意味をなさないものになっていきます。そこで1980年代にどうしようもないカオスに陥ってしまいました。

　ここから抜け出すために、ポストをJDで細かくタスク管理するよりも、そのポストに必要な職務能力を書くべきだ、という方向にチェンジします。そうして、ポストごとにその必要な能力を定めてDBに書くようになっていきました。

　このときに重宝されたのが、実はコンピテンシーなのです。このポストにはどのようなコンピテンシーが必要か、とリスト化されていくのですね。

ここでまた、はたと気づきませんか？　コンピテンシーに関しても、その理解を日本人は全く間違えていたということに。日本ではこれを「人」の能力だと思っていたのです。すると当然、職能等級と何が違うのか、という論争になり、保有能力が職能等級で、発揮能力がコンピテンシーだ、などと苦し紛れの説明となってしまうのです。

ところが元をたどれば、コンピテンシーもポストにくっつくものだったわけですね。「このポストにはこういう能力が必要だよ」と。であれば当然「発揮能力」で当たり前です。

## タレントマネジメント・データベースは後付けでできた

さて、ここから先。80年代後半まで欧米ではポストに関してのDBはそろっていましたが、人に関するDBはプアでした。ここからが問題ですね。

ポストに関しては「こんな能力（＝コンピテンシー）」が必要だ、ということは定義されていましたが、それは誰が持っているか、のリストがない。そこで、慌てて社員の能力を管理するDBを作り出した。お分かりいただけますか？　後付けでようやくこれを作り、ポストに最適な人材をあてがえるようになり、人事管理が成り立ったのです。

こういうパラダイムチェンジが起こると、欧米（とりわけアメリカ）の場合、プラグマティックな整理がなされて、効率の良いシステムができ上がります。ポストごとにしっかり必要な能力が定義され、それを保有している人は誰と誰だから、彼らを就けたらいい、と。こうして使い勝手の良いタレントマネジメントDBができたわけです。

# ざっくり汎用能力で人材プールを作る
# 日本の「職能等級方式」

 **Q44** 欧米のコンピテンシー方式と職能等級はどう異なるのですか？

　一方日本はどうでしょうか？　すべてが「人」をベースに管理されています。ただ、コンピテンシーほど細かな要素別管理ではなく、汎用能力を中心とした職能等級で管理されてきました。それはざっくりと、「後輩の面倒をみられる」「課を任せても大丈夫」「部をまとめていける」といった基準を作り、それにひも付けるような汎用能力を添えているレベルのものです。

　こうして、「リーダーを任せられる人（主任級）」「課を任せられる人（課長級）」「部をまとめられる人（部長級）」という人材プールができ、あとは、過去の経験を見て、「彼は営業畑だからいきなり人事制度設計は無理だよ。まずは採用の課長くらいに横滑りさせるか」といった鉛筆なめなめの鳩首会談で解決してきたのですね。そしてけっこう、これで成り立つところが大きかったのです。実際、詳細コンピテンシーまで決めてそれを持っていない限り任用しない、というような欧米方式だと、任用範囲を自ずから狭めてしまいます。対して日本方式だと、汎用能力的にはOKだから、一か八かで任用し、ダメなら戻せばいいといった差配で、ラッキーヒットが多々生まれてきました。だから、この方式を全廃する必要はないと思います。

　ただ、グローバル化する中で、他国の人材とクロスオーバーでポストに任用するようになると、汎用的な能力ベースの任用一本では厳しくなります。

　そこで、ポストごとに詳細能力を定め、一方、人材にも詳細能力を付し、マッチングする仕組みが重要になってきたと思われます。

## 231

## 実は、日本型人事では早期から優秀者が見えている

**Q45** エグゼクティブ候補の早期選抜はいつ、どのように
行えばいいでしょうか？

　続いて、一つ飛ばして③の早期選抜について、考えてみましょう。
　まず、早期選抜の時期ですが、これは「キャリアの形」をベースにすべき
です。どのタイプのキャリアでも、成長期を終えたあたりで選抜をするのが
よいでしょう。すなわちTypeAなら10〜15年目、TypeBなら3〜5年時と
大いに差が出ます。ただ、それが事業特性なのだから、ここで、「あの会社
は早い」などと浮足立つ必要はありません。
　実を言うと、この「成長期」の間に、多くの企業ではもうすでに選抜が行
われているのです。
　次頁の表は成長に時間のかかるTypeAの企業6社の元人事部長に集まっ
ていただき、どのあたりから「優秀者」が見えていたか、を聞いたものです。
6社の意見をまとめると以下のようになります。

3年目から上位層が見え始め
　↓
昇級時にトップ層と普通者の差が公開され
　↓
係長昇進でははっきり差がつき
　↓
課長昇進では2年以上の差が出た

　さらに言うと、日本の場合、4月と10月の定期人事で、昇進・昇格が社内に広報されます。また、階層研修なども盛んです。こうしたことから、抜擢昇進者については相当早くから、社内で広く認知されているのです。

　ということは、欧米企業のように、30歳過ぎてから仰々しく「早期選抜」などする必要はなく、成長段階の各種評価で人選をすればよいだけだと言えるでしょう。

　ただ、分かっているのに、その後、彼らを計画的に重要職へキャリアパスするような施策は行われていません。「あいつ花形コースに行ったなあ」などとぼんやりと分かるレベルの「結果的にそうだった」というようなものしかないのです。

　このあたりは非常に惜しいことに気づいてください。前節で説明したタフ

## 「優秀者」はどのあたりから見えているか

| 勤続年数 | 評価・任用 | Yes | No |
|---|---|---|---|
| 1年目 | 採用時点でコース分けをしていた | 1 | 5 |
| 2年目 | 入社2年目から査定で目に見える差がついた | 4 | 2 |
| | 査定結果は他者から分かった | 0 | 4 |
| 3年目 | 常に上位査定者の優秀層が見えてきた | 4 | 2 |
| | 査定で差はつかないが日常の評判から優秀層は見えてきた | 1 | 1 |
| | 優秀層の顔ぶれを人事が認識していた | 5 | 1 |
| 3～5年 | 昇級審査で半年以上の差がついた | 4 | 2 |
| | 昇級情報は社内に公開された | 3 | 1 |
| 5～10年 | 標準より1年以上早い係長・主任登用者が出た | 5 | 1 |
| | 若年優秀者へ特別な教育プランを設けた | 2 | 4 |
| | 一律型のチャレンジ制度を設けた | 3 | 3 |
| 10～15年 | 標準より2年以上早い課長登用者が出た | 5 | 1 |
| | 優秀層に特別なOff-JTを施した | 6 | 0 |
| | 優秀層は本社主導で難関職に計画的配置した | 1 | 5 |
| | 優秀層は事業部主導で難関職に計画的配置した | 1 | 4 |
| | 計画的配置はしなかったが、優秀層は難関職を歴任していた | 3 | 1 |

メリット●査定の連続で優秀者が明確化

問題点●形だけの優秀者教育
①座学型のOff-Jtが主体
②Off-JTも中身は貧弱
③タフアサインは計画的にはできていない状況

回答者　日置政克（元コマツ）　中澤二朗（元新日鉄住金ソリューションズ）　加藤真（元富士通）　上口康（元伊藤忠）他2名

ポストに、育成目的で適宜任用することが重要です。

## 米国ではリーダー候補者の過去が分からないという問題

　さて、なぜ欧米（特にアメリカ）では、リーダー候補の選抜が重要視されるのか、国の事情に沿って考えてみることにしましょう。

　アメリカの場合、一部のLP（リーダーシッププログラム）採用された超エリート以外は、外部から随時、出たり入ったりしているお国柄です。とすると、現在、業績の良い人たちがいたとしても、その年齢・経歴はまちまちでしょう。

　例えば、A〜Hの8人の課長がいたとして、今現在、評価が高いのは、B課長（38歳、勤続10年）、E課長（32歳、勤続6年）、G課長（36歳、勤続1年）の3名です。年齢や経験は三者三様であり、B課長は年長のため、単に「経験が長いから業績が良い」だけの人かもしれません。もしくは、G課長は昨年入社したばかりですが、実は前社で偶然にも全く同じプロジェクトを担当していたため、勝手知った業務だから業績が良いだけかもしれません。ということで、今の業績を見ただけでは、「選抜対象にすべきか否か」とても判断できないのです。

　だから、詳細能力検証の場として育成委員会やタレントパネルが不可欠になります。

　一方日本の場合は、先ほどの例でも分かる通り、多くの社員が新卒入社であり、その後も、人ベースの管理

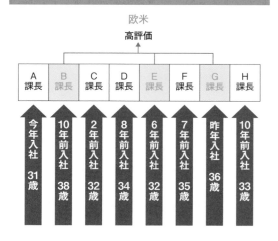

欧米の課長は「今の業績」だけでは優劣をつけにくい

欧米

高評価

| A課長 | B課長 | C課長 | D課長 | E課長 | F課長 | G課長 | H課長 |
|---|---|---|---|---|---|---|---|
| 今年入社 31歳 | 10年前入社 38歳 | 2年前入社 32歳 | 8年前入社 34歳 | 6年前入社 32歳 | 7年前入社 35歳 | 昨年入社 36歳 | 10年前入社 33歳 |

を続けられるために、過去の評価の蓄積や周囲の評判などもトレース可能です。だから、あえて特別な選抜システムを設ける必要もないと言えるでしょう。

こうした違いがあるにもかかわらず、欧米のモノマネをしているのは、LDP自体の形骸化を早めることになりかねません。

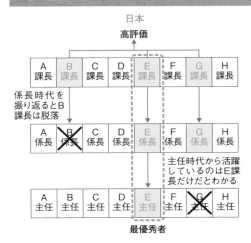

日本の課長は過去の評価や周囲の評判で判断可能

## 米国では中堅企業にもサクセッションプランがある理由

次に②の育成委員会です。欧米型LDPには④のタレントパネルとセットで組み込まれていますが、これがどのようなものか、なかなか日本人には分かりづらいところがあります。

育成委員会とは、人事と役員などが中心となって運営するもので、次世代リーダーの選抜、育成プランの策定、候補人材の評価・教育・育成計画の進捗管理、などを行うものです（もちろん、一方的な人事権はないため、配転には本人同意が必要です）。

タレントパネルは、査定会議と勘違いされがちですが、それとは似て非なるものです。育成委員会のメンバーが中心となって、半期に一度程度開催され、主に上級管理職を対象に、彼らの能力や業績を評価しながら、今後、どのようなポジションに就けるべきか、を考える会議となります。ここでは、「今のまま」「新たな職務」「タフアサインメント」「降格」「退職」などの選択肢が用意されます。

この他に、「サクセッション・プランニング」というものもあります。こ

れは主に上級管理職ポストについて、「次に誰がその席に就くべきか」を合議して決めておく仕組みで、社内の候補者、時にはヘッドハンターを活用して「社外の候補者」まで置くことがあります（この仕組みについては、日本では「科学的に次世代経営者を育てる」などと買い被った誤評価をしているのをまま見かけますが、内情は全く異なります。単に「スペア」を決める会議で、中堅企業でも必ずこれをやります）。

なぜここまでの仕組みが必要になるのでしょうか？

その理由は、欧米型人事の根源に立ち戻ってほしいところです。彼の国では、企業に人事権がありません。そして、簡単に人が辞めてしまいます。とすると、現任者が辞めたときに誰が最適かをあらかじめ決め、その候補者には辞めないでいてもらい、さらに、その候補者に後任を提示したときに「OK」と言ってもらえるように根回ししておく必要があるのです。人事権がないお国柄だから、ここまで手の込んだ仕組みが必要になるのです。

タレントパネルも同様な側面があることは否めないでしょう。

とすると、日本では定期査定と定期人事で十分であり、LDPは育成委員会のみで機能するのではないか、というのが私の見立てです。

## 育成委員会は日本でもそれなりの意義が見いだせる

> **Q46** 役員が集まり次世代リーダー候補を育てる育成委員会はなぜ、日本でも必要なのでしょうか？

もちろん、お題目通り、育成計画策定・人材選抜・育成計画の進捗管理は重要です。ただそれ以上に、人事的にはこの仕組みがとても好都合だということを忘れないでください。

　この委員会に、経営の言うことを聞かない、事業部担当の厄介な役員を入れたとします。そして、この役員の評価は、事業部の業績で半分、残りの半分は「育成委員会での活動」で決まるとしたらどうでしょう？

　日本企業は強い人事権を持つと言われながら、その人事権は、現場の声に抗きれないところがあります。本来なら人事権で、優秀者を引き抜き、重要ポストへタフアサインすれば育成もスムーズでしょう。ただそこに、「事業部の壁」があり、当該役員に「No」を出されて思うようにいかないことになる。

　この壁を破るのに最適なのが「育成委員会」に難敵を入れて、こちらの味

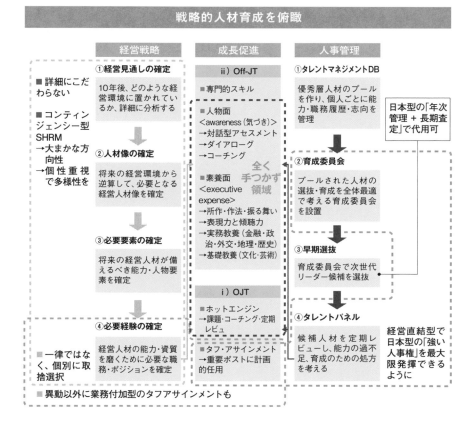

## 戦略的人材育成を俯瞰

| 経営戦略 | 成長促進 | 人事管理 |
|---|---|---|

**■ 詳細にこだわらない**

**■ コンティンジェンシー型SHRM**
→大まかな方向性
→個性重視で多様性を

**①経営見通しの確定**
10年後、どのような経営環境に置かれているか、詳細に分析する

**②人材像の確定**
将来の経営環境から逆算して、必要となる経営人材像を確定

**③必要要素の確定**
将来の経営人材が備えるべき能力・人物要素を確定

**ii) Off-JT**
■専門的スキル

■人物面
<awareness（気づき）>
→対話型アセスメント
→ダイアローグ
→コーチング

■素養面
<executive expense>
→所作・作法・振る舞い
→表現力と傾聴力
→実務教養（金融・政治・外交・地理・歴史）
→基礎教養（文化・芸術）

*全く手つかず領域*

**①タレントマネジメントDB**
優秀層人材のプールを作り、個人ごとに能力・職務履歴・志向を管理

*日本型の「年次管理＋長期査定」で代用可*

**②育成委員会**
プールされた人材の選抜・育成を全体最適で考える育成委員会を設置

**③早期選抜**
育成委員会で次世代リーダー候補を選抜

**④必要経験の確定**
経営人材の能力・資質を磨くために必要な職務・ポジションを確定

**■ 一律ではなく、個別に取捨選択**

**i) OJT**
■ホットエンジン
→課題・コーチング・定期レビュー

■タフ・アサインメント
→重要ポストに計画的任用

**④タレントパネル**
候補人材を定期レビューし、能力の過不足、育成のための処方を考える

*経営直結型で日本型の「強い人事権」を最大限発揮できるように*

**■ 異動以外に業務付加型のタフアサインメントも**

方にしてしまうことなのです。GEなどはエグゼクティブの評価の軸足を育成委員会での活動実績に置くため、上位層がこぞって育成に力を貸します。

こうした「蛇の道は蛇」というしたたかな考えをぜひ学んでください。

そして、形ばかりの欧米流からは脱却してほしいところです。

欧米型と日本型の結節点

> 日本型雇用は今後、どのように変化していくのか。そのキーワード
> が「接ぎ木」。未経験社員が底上げをする時期は日本型、底上げが
> 終わると欧米型を接ぎ木し、「トップエクステンション」と「WLB
> 充実な限定職」に分化する。そして社員には「階段を下りる」選択
> 肢も提示する。

　ここまで以下について話をしてきました。

■ 日本と欧米の雇用・人事システムの違い
■ 雇用システムが生み出す社会問題の違い
■ キャリアの形と採用
■ キャリアの形と育成

　その根本にあるのは、「流行りもののモノマネ」では人事も雇用も動かすことはできないという大原則です。
　欧米との根本的な相違、国内においてもキャリア類型の相違、こうしたことを知り、そのうえで、自社に合った仕組みを導入しない限り、制度は歪みを起こすということ。
　根本的な原理を知れば、表面上の流行り廃りに惑わされることもなくなり、ロジカルに「だからわが社はこうすべき」と説明ができるでしょう。
　では日本型雇用は今後、どのように変化していくのでしょうか?
　私は以下のように考えています。

① キャリアの初期＝未経験社員が底上げ（ボトムアップ）していく時期は、

日本型雇用システムが総体としては合っている（ただし、新卒無業問題など、個別には修正すべき点はあります）

② キャリアの中期＝底上げが終わり、伸びる人と伸びない人の差が大きくつく時期には、欧米型雇用システムで、「トップエクステンション」と「ワークライフバランス（WLB）充実な限定職」とに分化した方が、個人の生活設計的にも、企業の人事管理的にも好適だ

③ キャリアの途中で、日本型雇用から欧米型雇用へと「接ぎ木」する仕組みが必要となる

④ 「接ぎ木」の時期は、キャリア類型のTypeAとTypeBにより大きく異なる。専門知識や経験が重要なTypeA群は、10〜15年の日本型を経て欧米型に、2〜3年で習熟してその後は個人能力に任せるTypeB群は、3〜5年目に接ぎ木をするということになる

図にすると、下記のような感じでしょう。

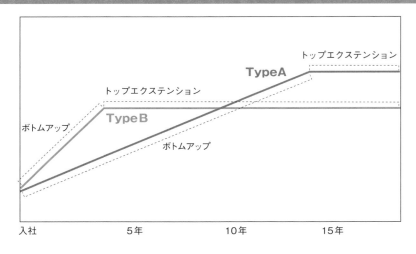

「キャリアの形」に応じたボトムアップ期・トップエクステンション期

## ジョブ型騒動の行き着く先

　実は、TypeBについては私のいたリクルートをはじめとして、すでにこの形になりつつある企業が現れているとも思っています（ただし、WLB充実までにはなっていませんが）。

　成長が止まった時点では、まだその年収の中に「期待料」や本人のアスピレーション（成長欲求）などへの対価が含まれています。そうした「頑張り」が当然視されるため、業績目標も少し高めとなっているでしょう。

　この階段から下りることを決心した場合、期待料がなくなるため、年収は2割程度ダウンし、業績目標についても同様に2割程度下げることが妥当なのではないでしょうか。結果、年間総労働時間も2割減ることになる。TypeA、

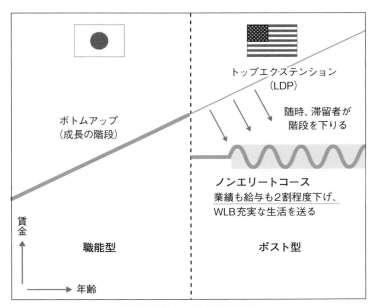

**日本型から欧米型に「接ぎ木」、階段を降りるオプションも**

ボトムアップ
（成長の階段）

トップエクステンション
（LDP）

随時、滞留者が
階段を下りる

ノンエリートコース
業績も給与も2割程度下げ、
WLB充実な生活を送る

賃金

職能型

ポスト型

年齢

▶ 日本型雇用の良さと欧米型を折衷し、
▶ 途中から、エリートとノンエリートに分化？

TypeBどちらの企業でも、大企業であれば「下りた」人の年収は650万円程度。夫婦ともにこの年収なら、世帯収入は1300万円となり、生活も十分成り立ちます。残業も少なく帰宅可能なら、保育園へのお迎えも家事も分担して、週2〜3日ずつ担当し、あとの週2〜3日は自由を謳歌する、という生活が目に浮かびます。もちろん、夫婦どちらかが階段を下りずに残れたならば、男女関係なく、下りた方が家事育児を主に引き受けるべきですね。

　単身だったとしても、年収650万円ならば生活は十分成り立つでしょう。

## 「2割ダウン」という通過儀礼<sup>イニシエーション</sup>で新たな社会が生まれる

　年収が800万円でストップした場合、働き方はそこで固定され、仕事に求められ、頑張りもそんなに変わりはしないでしょう。それが、2割ダウンして650万円になることで、明らかに意識面でも変化が生じます。もう、やみくもに会社や上司に仕える気は保てないでしょう。

　結果、「帰宅を阻む二神教（上司と顧客）」のうち、一つが消え去る。「顧客」というもう一方の神のみでは、社内の「長時間労働」の風潮は保てないでしょうから、こちらもじきに壊れていく。つまり、労働時間や生産性にも大きな変化が現れると読みます。

　17節で書きましたが、大卒正社員が年収800万円という水準に到達するのは、準大手企業（従業員500〜999名）だと40歳です。100〜499名の中堅企業だと45歳前後。50〜99名の小規模企業だと50歳。彼らもこの年代には、階段から下りて650万円の「ジョブ型」社員になることは可能です。つまり、ある程度以上の規模の企業であれば、到達年齢に差は出ますが、皆、「下りる」ことが可能となるのです。

　と同時に、この年収でストップしている限り、40歳過ぎたら中堅企業、45歳過ぎたら中規模企業、50代となれば小規模企業へと年収ギャップなく転職も可能となります。シニアになるにしたがって、転職可能性も上がるということにもなる。これで、ミドルの雇用不安とも決別できるでしょう。

　あとは、日本企業の多くが、35歳以上の人たちに対し「階段を上る」ことを前提としないようになれば、「650万円で同じ仕事をし続ける人」たち

の転職市場は一気に広がるでしょう。

こうして、家事育児問題も、WLB問題も、ミドルの雇用不安も消えていくことになる。

ジョブ型導入の行き着く先は、ここなのではないでしょうか。現在の大騒動をしっかり整理していくと、自ずから答えは見えてきます。

## 非正規でも優秀ならば、ジョブ型雇用で650万円もらえる社会

一方、本格的に役員→社長となっていく人に対しては、成長期の終了とともに、欧米と同様にタフ・アサインメントや作法、振る舞い教育を始める必要があります。日本型の「成長期」はこうした優秀層を発見するための良き評価期間になると、24節に書きました。ただ、階段を上ってもそこで滞留する人たち、俗にいう万年課長や万年部長は許さず、ここはアメリカ的なタレントパネル（能力・業績に応じて今後を厳しく示唆する）を行うべきです。結果、後人に席を譲って、WLBコースに下りるか、もしくは他社で再チャレンジするか、を選んでもらうことになるでしょう。

とにかく、「ポストの定員」しか階段は上れず、滞留も許さない、という仕組みを作っていく。つまり、成長期が終わった段階で職能等級制はなくなり、完全なポスト管理型の職務等級へと移行させるのです。

これで、会社はミドルの無駄な昇給費用をカットすることができます。人事管理的には、その余資をぜひとも、非正規雇用の待遇底上げに使ってほしいところです。まあ、昨今の人手不足とますますの少子化により、市場調整に任せても、非正規の給与は上がるでしょう。とすれば、企業はその原資確保のため、上記のような「ミドルの無駄な昇給」に手を付けるはずです。

そして、「同じ年収で一つの仕事を黙々とやり続ける」コースができたら、そこに非正規の優秀層を抜てきしていくことが重要です。例えば、店長とかセールスとかであれば、その道のプロになってくれれば、学歴も経歴も本来は不問でしょう。こうした「非正規でも頑張ると650万円」もらえる社会にまで行き着くのが理想です。

## 243

## それでも「全員一律」を壊したくなかった日本企業

　私はこうした話を、2011年ごろから始めており、著作でも『日本で働くのは本当に損なのか』（PHPビジネス新書）、『いっしょうけんめい「働かない」社会をつくる』（PHP新書）などでたびたび触れてまいりました。ただ、経団連でも同友会でも商工会議所でも、全く相手にされず、不評を買ったものです。

　「35歳で烙印を押されたら、その後のモチベーションはどうするのか？」という意見には、「成果に応じて年収が増減する仕組みで維持すればいい」などと返しました。

　ただ、どうしても多くの日本企業は、欧米型の階層分化を35歳でも受け入れず、ずっと社員に夢を見させて、その見返りとして猛烈に働いてほしいと考えています。

　とはいえ、性別役割分担が壊れつつある昨今では、家事・育児・介護が成り立たないのも明らかになってきました。そこで、新たな日本型雇用モデルを以下のように打ち出す企業が増えています。

　それは、35歳以上は年功管理の呪縛を解き、「○歳までに課長にならないといけない」というプレッシャーから解放することですね。そうして、育休や短時間勤務をとっても、その後、フルタイムワークに復帰したら、そこからまた年次関係なく、階段を上れる、という仕組みを模索しています。図にすると以下のようになるでしょう。


## 「でも半数は管理職になれないという詐欺的契約」に
## 終止符を

　図で見れば分かるように、階段の角度を緩めたり、踊り場を設けたりすることで、家庭の事情のある人も諦めずに上れるようにする、というのは良い方法でしょう。一方で、そこまでしても「誰もが階段を上れる」一律幻想を維持したいという気持ちも分かりました。

　そうして、家事・育児・介護などのハンデがある人も、「夫婦＋会社」の

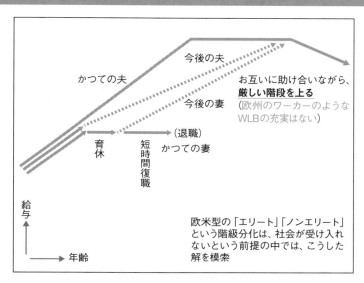

現在の日本企業が模索する年功カーブ

三者が皆、協力して何とかコースアウトせずに頑張るという…それはある面美しい姿です。

　それでも賃金基本統計調査に見る限り、50歳大卒正社員で課長になれない人は男性でも55％を超えています。女性を含めれば60％超です。

　これは、一種の詐欺的な行為とも言えるのではないでしょうか。鼻先に人参をぶら下げて走らせるけれど、半数以上の人に、ゴールはやってこないのですから。

　こうした無理は、早晩、破綻すると考えています。

　この「夫婦＋会社の三方一両損」型キャリア形成は、日本人の心にまだ残る「誰もが階段」へのノスタルジーが消え去るまでの過渡的なものでしょう。その後は結局、どこかから欧米型を接ぎ木する話に落ち着くのではないか、と思っています。

　そうした意味で、現在の「ジョブ型」騒動は、その前哨戦とも言えるでしょう。

　年功序列は無理、ジェネラリストも無理、終身雇用も無理。こんな感じで

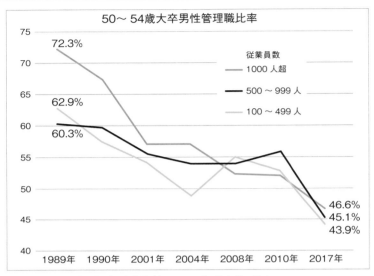

50〜54歳大卒男性管理職比率

従業員数
1000 人超
500 〜 999 人
100 〜 499 人

72.3%
62.9%
60.3%
46.6%
45.1%
43.9%

1989年　1990年　2001年　2004年　2008年　2010年　2017年

賃金構造基本統計調査（厚生労働省）のサンプル数を基に推定

新たな仕組みを考えたとき、欧米型を希求するしかなかった。こうした文脈の中で、過去何回も同じような変革の芽はあったのですが、ただ、そのときは、不況という要因が大きかったので、それが和らぐと話は断ち消えになっていきました。ところが、今回は少子高齢化が重なり、働く人の数がものすごく減るというどうしようもない要因が付加されています。その結果として、多数の女性が長く働き、さらに高齢者の活躍も叫ばれている。

　こうした中で、本当に、日本型を壊さざるを得ない状況が迫っています。ジョブ型騒動の後に、単にJDをいじるだけではどうにもならないと悟った企業は、脱日本型の落としどころを探らざるを得ないでしょう。

　そうしたときに、本書を思い出していただければ幸いです。

　過去60年間の脱日本型騒動を書物で読み漁り、実際、30年前の脱日本型騒動を目の当たりにしてきた私の経験を、少しでも生かしてもらえれば、望外の喜びを感じるところです。

終章

# 偏見で語る
# 「人事の嗜み」

「人事たるもの、企業内の事象を隅々まで知り、それを他人に明瞭に言い聞かせることができなければ失格だ」。これは故山田雄一先生（明治大学学長、人事院→旧富士製鉄人事）がおっしゃった言葉です。

## 私が「流行りもの人事」を毛嫌いする理由

　全くその通りです。昨今の人事スタッフは労務や勤労といった部署を経験しない人（しても短い人）が少なくありません。だから、営業・製造など会社のメイン部署で、どのようなことが起きているか知らない人が多いと感じています。

　「経理やエンジニアには、その仕事に就くために必要な知識があるが、人事にはそれが少ない。明日から人事をやってくれ、と言われてその通りなる人もいる」。こちらはコンピテンシー騒動で名裁きを見せた太田隆次氏（コンサルタント）の名言。人事スタッフはその「知識不要」という引け目から、必要もない勉強をし、ヨコ文字や専門論文などに精通している人を多々見かけます。これこそ、大きな間違いでしょう。

　やはり、会社、なかんずく現場をよく知らないと、知識は単なる空論にしかなりません。

　私が流行りものを追う人事スタッフを毛嫌いする理由はこのあたりにあるのです。

　あなたは、自社について、社内外の人が納得するような、職務内容や社内の動きについてのリアルな説明ができますか？

## かつてアメリカの人事は「給与計算屋」でしかなかった

　欧米でも同じようなことが起きています。ATD（Association for Talent and Development、全米人材開発機構、旧ASTD）とかでSHRM（戦略的人材管理）などの高邁な理論ばかりを語るような一陣がいます。

　私はそういう人たちももちろん大嫌いです。

　どうしてそんな人たちが生まれたか。その理由を知るために、人事の歴史

を少し話すことにいたしましょう。

よく、「欧米企業は人事部の力が弱い。日本企業とはまるで異なる」という話が世間では語られますね。そして、それを礼賛するように、「現場重視であり、現場に裁量権を大幅に委譲しているからだ」などと、これまた訳知りに適当なことを語る有識者もまま目にします。

でもその理由は、本書の序盤を読むだけで理解できるでしょう。

現場重視などとは全く関係なく、欧米はポスト型雇用であり、企業側に労働者を勝手に配転する権利がない、つまり人事権が極めて弱いことが、人事部の存在価値が低い理由なのです。

勝手に配置はできないし、組織設計は末端に至るまで、合理的に経営が決める。一方で、現場の仕事に関しては、とりわけ1960年代までのアメリカは、強固な組合の管理下にありました。もう全く、人事など立ち入る隙はなかったのですね。

そのころまで、人事がやることは、給与の計算、支払い、保険料の計算や徴収などといった、事務作業中心の完全な裏方だったのです。当然、エリート層はこの仕事をやりません。そこで、この仕事には、アイルランド人が携わることになりました。

もともと、アメリカでは「本物の白人」としてエリート層に入れるのは、WASP（ワスプ）と呼ばれる人たちでした。これは、ホワイト・アングロサクソン・プロテスタントの略称です。

ところが、こうしたくくりの人たちが少数派になると、解釈を拡大することで「本物の白人」の範囲を広げてきたのです。
まずはプロテスタントのゲルマン人（ドイツ系）、続いて英国のお隣であるアイリッシュ（アイルランド系）、そしてユダヤ人。ユダヤ人の場合は、第二次世界大戦直前まであからさまな差別を受けていたと聞きます。

こうしたなかで、ワスプがやらない非エリート職務として、給与計算などの人事事務はアイルランド人が引き受けた。そのため、人事のことを「アイリッシュ・コネクション」などと呼んでいました。同様に、経理財務については「ユダヤ・コネクション」などとも呼ばれています。要するに、人勘定、金勘定は雑務で、非エリート層の仕事だったのですね。

こうした人事が一格下の時代には、この部署はPersonnelと呼ばれていました。それが、Human Resourceとなり、昨今は略称のHRで通用するようになりました。

この間、人事部の格上げのために練られたのが、SHRM（Strategic Human Resource Management＝戦略的人材管理）なのです。

全社的には人事権など発揮できないけれど、経営層が大切にする一部エリートに関しては、経営と人事でしっかりハンドリングしていこう。そのことにより、経営と人事は直結し、かつての「給与計算屋」から脱してレゾンデートルを確立できる！と。

すなわち、人事にもかかわらず、「会社の中の一部（エリート）しか見ない」ことを標榜するその姿勢に、どうしても私は納得がいきませんでした。

## 公民権運動後、アメリカ企業も欧州的になっていった

ATDに関しても似たように、うがった見方を私はしています。

そもそもアメリカの組織心理学は、曲折を経ながらも、テイラーの血の通わない数理的な経営管理術から脱却し、有名なホーソン実験などを経て、1950年代には、従業員みんなの幸せを確立するためのメソッドを数々と打ち立てています。フレデリック・ハーズバーグやアブラハム・マズローなどはその有名なところでありますし、コンピテンシー生みの親のデイビッド・マクレランドも、博愛主義の人でした。そうしたなかで、組織構成員皆のやる気・元気を保つために、SIOP（米国産業組織心理学会）は寄与してきたというのが私の見るところです。

ところが、1960年代を境に、その血脈は途切れてしまいます。

それまでは、アメリカの資本主義は、欧州の階級社会に対して近親憎悪を抱き、実力優先で自由な社会を築こうとしてきたと言えるでしょう。それが俗にアメリカンドリームなどと呼ばれたわけです。

企業内を見ても、年功とともにキャリアを積んで誰でも高みに上れる仕組みを確立しつつありました。当時の職務主義は、小さな等級が積み重なって、入社から退職までの間に何段も階段を上れる仕組みであり、USスチールや

GMなどは終身雇用で親子三代同じ会社に勤める人などがいたと言われます。まさに、ちょっとずつ難しくする、の繰り返しですね。

そう、外形的には日本とかなり似たキャリア形態になっていたのです。

それが壊れていったのが1960年代。当時は黒人解放や女性の権利獲得など、いわゆる「公民権運動」の嵐が吹き荒れた時代であり、そうしたなかで、ともすると、年功的に階段を上ったWASPの男性が上位職に就いている状況は「差別的」とも受け止められたのでしょう。そこから「誰もが階段を上る仕組み」は徹底的に壊され、いつしか、エリートとノンエリートに分かれる、欧州的なキャリア形態に近づいていったというのが私の見解です。

そうした社会の二分化の中で、かつては従業員全員の底上げを主目的にした組織心理学も、昨今はリーダーシップ開発一辺倒になりつつあり、ATDで騒がれるのはそればかりです。だから私は、ATDというものにも距離を置いています。

＊＊＊＊＊＊＊＊＊＊＊

誰もが夢を見られる社会は素晴らしい。欧米と違い、たかだか4年の学士課程修了者が社長や官公庁のトップにまで上れる日本の風土はぜひとも残したいところです。だからこそ、あえてエリートフォーカスを強めるATDやSHRMを腐してみました。

一方で、誰もが階段を上らねばならない社会は窮屈です。少子高齢化の中で、男女共同参画を希求する今、それが、皆さんに突き付けられた緊急重要な変革課題です。

難しい時代の中で、日本企業の処し方のかじ取りをするのが、皆さんの役割です。だからこそ、流行や権威などに流されず、本物を探求する生き方を期待してやみません。

未来は皆さんの手にかかっています。

# 日本的「ジョブ型」祭りへの鎮魂歌（レクイエム）

## 世界にはないガラパゴスな「ジョブ型」作り

「『ジョブ型雇用』とは、従業員に対してジョブ・ディスクリプション（職務記述書）により職務内容を明確に定義し、労働時間でなく成果で評価する雇用システムだ」

人材ビジネスの大手であるパーソル社の総合研究所が2020年9月28日に発表した『「日本的ジョブ型雇用」転換への道』プロジェクトの立ち上げメッセージで使われた言葉だ（2021年1月29日に同社HPより削除）。

ちょうど、本書の元となった日経BPの「Human Capital Online」での連載を始めようか始めまいか迷っていた時期に、名の知れたしかも人材分野の総研から、こんな典型的な誤り文句が、発せられる。

こりゃ、連載を迷っている場合じゃないな、本気でやらなきゃならん。そんな気持ちが本書執筆の根本にある。

尊敬する濱口桂一郎氏（JILPT所長）はご自身のブログで、その勝手都合の良いジョブ型解釈に対して再三警鐘を鳴らしている。

本書を読んだ人たちは、パーソル総研の短い惹句にさえもう、意味不明な言葉が満載となっていることに気づくだろう。

私は早速、自身のフェイスブックにて、大人気お笑いコンビ「ミルクボーイ」のネタをパロって、以下のような誤りを指摘をアップした。

U「あんな、JDいうのあってな、それ、しっかり書いたらな、脱日本できるんやて」

K「欧米じゃ、JDに"頼まれたら何でもやる"て書いてあるわ」

U「せやけどな、成果評価いうんがあって時間労働でなくてな」

K「向こうは"ナインボックス"いうてえらい粗い評価やわ。そもそもヒラ社

員、ボーナス固定で成果反映などされんし、基本給も積み上げや」
U「せやからな、欧米的やなくて日本的に作りなおそう言うんやわ」
K「一生やっとれ」


## それ、日本的なのか？　脱日本なのか？

　結局、日本的ジョブ型といわれるものは、

- 職種コースを設け
- JD を用意し
- ジョブグレード（人に付ける）を新設し
- 成果評価で給与を払う

の4点セットをいうらしい。こんな方式の国はない、というと「だから日本
的に作る」と開き直る。そもそも、ジョブ型とは、欧米流の働き方をいうわ
けであり、日本的ジョブ型とは、「日本的欧米流」という自家撞着が過ぎる
言葉だということに気づいていない。そこもお笑い種だ。
　人事の手練れは、私同様、この「日本的ジョブ型」にジレンマを感じてい
たのだろう。ほどなく私のフェイスブックには多々、「本物のプロ」からの
名言が寄せられる。
　私のマネをして、ミルクボーイ風に「日本的」の矛盾を語ってくれたのは、
川渕香代子氏（人材協議団体事業部長）。

U「オカンの会社な、長く働けば給料上がったんやけど、今度変わるんやて」
K「ほう。脱年功序列やな。ほなら、ジョブ型や」
U「そうはいっても1年働いたら1年分は能力UPするから給料あがるかも
　しれへんねん」
K「じゃあ、ジョブ型やないな」
U「あとな、これからは中途採用に力いれるらしいねん」
K「なら、ジョブ型やな」

U「でもやっぱ若い子ほしいから新卒は続けるらしいねん」

K「それはジョブ型やないな」

U「説明会では入社時の仕事そのまま続けさすいうねん」

K「ほな、ジョブ型か」

U「でもな、人事評価で給料下げたり他の仕事さすこともあるらしいねん」

K「それはジョブ型やないな」

　お見事と言うしかない。

## 精緻に制度設計したって運用などできない

　リクルートワークス研究所で私の上司でもあった豊田義博氏はこんな言葉を贈ってくださった。

　「欧米システムの換骨奪胎は、日本のお家芸だけど、今回は稀に見るひどさだね。頑張って阻止してくだされ」

　そう、私たち人事のプロは、生半可に欧米流をマネて、機能不全な制度を作るという同じ過ちを何度も見てきた。

● スペシャリストコース
● 成果基準と成果評価
● コンピテンシー人事
● 日本型職務給（職責・役割等級）

　コンサルティング・ファームに高いフィーを払い、人事関連誌で特集をやって、しばらくするとぜーんぶ消え去った。

　今度もそうなるに決まっている。

　七面倒くさいルールや基準など作っても、誰か審判で社内にいて四六時中厳しくジャッジし続けなきゃ、すぐうやむやになるからだ。

## ポストに等級を付けられない民族

　では、なぜ欧米ではうまくいっているのか？　60年も回り道したんだから、もうそろそろそこに気づいてもらえまいか。

1. ポストベースの人事
2. ポスト数は定数
3. まず組織末端まで経営計画でポスト数が決まる
4. 企業に人事権はない

　ジョブなんかディスクリプトしなくとも、そして、それが守られているか監視などしなくても、上の4つがそろうと自動的に、脱会社依存、離職・入職割合が上がり、新卒採用は廃れ、専門型キャリアとなる。それがどうしてなのか、は本書を読んだ人ならすらすら分かるはずだ。

　数々の大手外資で役員を歴任され、本書にも登場している日本板硝子の中島豊氏は、こんな言葉をくださった。

　「ポストに等級を付ける、ということが日本ではどうしても理解できていません。DNAに刷り込まれているみたいに、人に等級を付けるという発想から抜け出ることができません。コペルニクス的な論理の転換ができないと無理なのでしょうか」

　「私たちには当たり前の『人に等級を付ける』というロジックというか考え方は、反対に欧米の人事の人には、どうしても理解できません。そのロジックは、海外の人事プロからは、感情的、エモーショナルな考え方、と言われてしまいます。つまり、論理的ではないということですね」

## それを本物の「限定雇用」という

　上の4条件を一言で言うなら単純に「限定雇用」という言葉になる。
　限定か無限定か、が一番の差異であり、それが根源になり様々な「欧米らしさ」「日本らしさ」が生まれる。ただ、この「限定」という言葉について、

日本人はどうしても理解できない。

　それを「職種」レベルに勘違いをする。だから、「職種コース」という名の小さな総合職を新たに作り出すだけなのだ。「職務」にまで絞ると限定もずいぶん小さくなるが、今度はこれを「人」に付けてしまう。あなたに相応な職務を定義しましょ。それはジョブグレードにしますから、的な感じで。そうして、その新たな等級も決してポストにひも付かず、さらに言えば、定員管理もされない。だから日本的人事の塗り替えとしかならない。

　本当に脱日本型を考えるなら、前記4条件を入れねばならない。とたんに解雇法理も全く異なるものになる。ただし、それは劇薬すぎる。だから躊躇するというなら、「途中から」入れるしかないだろう。こうした筋道が本書の流れだ。

　振り返ってみれば、90年代後半からコンピテンシー、成果給と人事界隈はお祭り騒ぎとなった。そのときと今回のジョブ型騒動、そこに出てくる企業の顔触れはほぼ同じ。そのうえ、間に入って高い金をとっているコンサルも一緒。もう頭が痛くなるばかりだ。日本人は進歩がない民族、などと投げ出したくないから、本気で本書が売れてほしいと考えている。

＊＊＊＊＊＊＊＊＊＊＊＊

　さて、最後になってしまったが、本書執筆にあたり中央大学大学院教授の佐藤博樹先生に心から御礼を申し上げたい。私が1997年にリクルートワークス研究所に兼務発令されたときから佐藤先生にはお世話になった。ワークス研を離れたあとも、厚労省、経産省、経済産業研究所、人材活力研究所などでご指導いただき続けた。現在私が中央大学大学院で教鞭をとるのも、佐藤さんにお招きいただいた縁からだ。

　そして、本書はまさに、中央大学大学院での授業をそのまま再現したに等しい内容だ。これは佐藤さんに御礼を申さずにはいられないだろう。

　中央大学大学院には私同様に佐藤さんに招かれた辣腕の教授陣が並ぶ。トヨタ自動車の名労務部長であられる荻野勝彦氏、非正規問題に詳しい働きかた研究所の平田未緒氏、そして雇用のご意見番濱口桂一郎氏。欧米と同じよ

うな、実務実学に通じる本格的MBA講座と言えるだろう。リーズナブルに単科受講もできるので、気が向いたら好きな教授の授業に足を運んでいただけると幸いだ。

　なお、本書を読んで人事・雇用への興味が高まった方は、姉妹書の『人事の成り立ち』（白桃書房）もあわせてご一読いただければ幸いです。

2021年2月

海老原 嗣生

# 海老原 嗣生

えびはら つぐお

雇用ジャーナリスト、ニッチモ代表取締役、厚生労働省労働政策審議会人材開発分科会委員、大正大学特命教授、中央大学大学院戦略経営研究科客員教授

1964年東京生まれ。大手メーカーを経て、リクルートエイブリック（現リクルートキャリア）入社。新規事業の企画・推進、人事制度設計などに携わる。その後、リクルートワークス研究所にて雑誌「Works」編集長を務め、2008年にHRコンサルティング会社ニッチモを立ち上げる。『エンゼルバンク-ドラゴン桜外伝-』（「モーニング」連載、テレビ朝日系でドラマ化）の主人公、海老沢康生のモデルでもある。人材・経営誌「HRmics」編集長、リクルートキャリア フェロー（特別研究員）。『AIで仕事がなくなる論のウソ』（イーストプレス）、『人事の成り立ち』（白桃書房）など著書多数。

本書は人事向けサイト「Human Capital Online (https://project.nikkeibp.co.jp/HumanCapital/)」で2020年10月から連載中の「人事の組み立て～脱日本型雇用のトリセツ～」に大幅加筆した。

# 人事の組み立て
## ～脱日本型雇用のトリセツ～

2021年4月 5日　　第1版第1刷発行
2024年7月26日　　第1版第7刷発行

　著　者　海老原 嗣生
　発行者　大石 基之
　発　行　株式会社日経BP
　発　売　株式会社日経BPマーケティング
　　　　　〒105-8303
　　　　　東京都港区虎ノ門4-3-12
　編　集　小林 暢子
装幀・制作　松川 直也（日経BPコンサルティング）
印刷・製本　TOPPANクロレ株式会社

© Tsuguo Ebihara 2021 Printed in Japan
ISBN978-4-296-10927-2